JN441100

어른을 위한 일기 쓰기

이주윤

인생이 답답하게 느껴지던 스무 살 무렵, 일기를 쓰기 시작했다. 사는 일에 치일 때는 몇 달에 하나씩, 머리가 터질 것처럼 복잡한 날에는 하루에도 여러 개씩 일기장에 고민을 털어놓았다. 그렇게 20여 년의 세월이 일기장에 쌓였다. 그사이 많은 것이 변했다. 매사에 부정적이던 시각이 긍정적으로 바뀌었고, 이따금 찾던 정신건강의학과와 멀어졌으며, 알 만한 출판사에서 책을 내기도 하고 알 만한 신문사에서 칼럼 연재도 하게 되었다. 이 모든 변화는 일기 덕이라고 생각한다.

『어른을 위한 일기 쓰기』는 일기를 잊고 지낸 어른들에게 건네는 초대장이다. 어른에게 일기가 필요한 이유를 과학적으로 설명하는 것을 시작으로, 어른의 일기를 만드는 일곱 가지 기술을 일상적인 언어로 설명한다. 이론에 그치지 않고 실행에 옮길 수 있도록 구성한 '21일간의 일기 완주 프로젝트'는 이 책의 백미다. 한 단어로 하루를 붙잡는 연습부터 미래를 기록하는 과정까지, 부담 없이 차근차근 따라가다 보면 어제보다 나아진 자신을 발견하게 될 것이다.

그동안 쓰고 그린 책으로는 『이상한 문장 그만 쓰는 법』, 『더 나은 어휘를 쓰고 싶은 당신을 위한 필사책』, 『요즘 어른을 위한 최소한의 맞춤법』, 『소란한 세상에서 나를 지키는 말습관』 등이 있다.

어른을 위한 일기 쓰기

이주윤 지음

나는 나 자신을 놓치지 않기 위해 일기를 쓴다.

프란츠 카프카 (Franz Kafka)

일기를 잊은 어른에게

초등학생 시절, 마지못해 일기를 썼습니다. 특별할 것 없는 일상을 매일매일 기록하는 것도 고역이었지만, 나의 내밀한 이야기를 선생님께 검사받아야 한다는 사실이 더욱 싫었지요. 이러한 반항심을 품은 아이는 저뿐만이 아니었습니다. 대부분의 아이가 싫어하는 일기를 구태여 숙제로 내주신 선생님의 의도는 무엇이었을까요. 그건 아마 일기가 지닌 분명한 이점이 있기 때문일 것입니다. 하지만 천방지축 초등학생에게 일기의 이점 따위가 안중에 있을 리 없지요. 중학생이 되어 일기에서 해방되니 속이 다 시원했습니다. 이따금 교과서 구석진 곳에 낙서를 끼적이기는 했지만 그건 지루한 수업을 견디기 위한 수단일 뿐이었지요. 그렇게 저는 일기와 멀어졌습니다.

일기와 다시 가까워진 건 스무 살 무렵이었습니다. 누가 시키지도 않은 일기를 썼던 이유는 답답한 마음을 어디에라도 쏟아내고 싶었기 때문입니다. 일기를 쓰고 나면 꽉

막혔던 가슴이 조금이나마 시원해졌거든요. 그렇게 시작된 일기 쓰기는 마흔이 넘은 지금까지 이어지고 있습니다. 하루도 빠짐없이 일기를 써 온 건 아닙니다. 남자 친구와 여기저기 놀러 다니느라 일주일에 한 번 겨우 쓸 때도 있었고, 고된 직장 생활에 지친 나머지 몇 개월 동안 손을 놓은 적도 있었으니까요. 하지만 결국 일기로 돌아왔습니다. 저에게 일기는 단순한 기록이 아닌, 지친 나를 두 팔 벌려 받아주는 안식처였습니다.

좋은 경험은 나누고 싶은 것이 사람 마음이지요. 그리하여 사람에게 상처받아 마음 둘 곳 없는 이들과, 앞날이 캄캄해 방황하는 이들과, 인생의 의미를 찾아 헤매는 이들에게 일기 쓰기를 권하곤 했습니다. 안타깝게도 이런 저의 마음이 전해지지 않았는지 사람들의 반응은 시큰둥하기만 했습니다. 애들이나 쓰는 일기를 다 큰 어른이 무엇 하러 쓰냐는 둥, 일기 몇 줄 쓴다고 해서 인생이 잘 풀리겠냐는 둥, 별의별 푸념을 다 들었지요. 어떻게 하면 일기에 대한 해묵은 오해와 부정적인 시각을 바꿀 수 있을까. 오랜 시간 고민한 끝에 제 나름의 해답을 찾았고 그 내용을 이 책에 빠짐없이 담았습니다.

일기에 관심이 있어 이 글을 읽는 여러분조차 일기의 효능을 반신반의하고 계실 거라는 생각이 듭니다. 일기의 이점을 알고 있다면 진작에 일상을 기록하고 있었을 테고,

그렇다면 이 책을 집어 들지도 않았을 테니까요. 이러한 의심을 거두는 유일한 방법은 일기를 직접 써보는 것뿐입니다. 3장에 수록해 둔 '21일간의 일기 완주 프로젝트'와 함께라면 어렵지 않게 실행할 수 있으니 기대하셔도 좋습니다. 혹시나 글솜씨가 없어 일기 쓰기가 망설여지시나요? 걱정도 참! 검사하는 선생님도 없는데 그게 무슨 문제랍니까. 맞춤법을 틀려도 좋고 비문을 써도 좋으니 부담 느끼실 필요 전혀 없습니다. 다시 일기로 돌아온 여러분을 환영합니다.

차례

프롤로그 일기를 잊은 어른에게 7

1장 왜 어른에게 일기가 필요할까

쓰는 순간, 뇌는 치유된다 17

감정을 쓰면 마음은 가벼워진다 23

기록은 나를 바꾸는 가장 조용한 혁명 29

2장 어른의 일기를 만드는 일곱 가지

한 문장으로 시작하는 용기 37

감정을 마주하는 시간 43

아무에게도 말하지 못한 것들을 쓰는 자유 50

일상의 신호를 읽는 눈 56

미래의 나와 나누는 대화 62

망쳐도 괜찮은 글쓰기 68

위기를 글로 건너는 법 75

3장 21일간의 일기 완주 프로젝트

1주 차. 다시, 일기 앞에 앉다

1일 일기장 앞에서 망설이는 당신에게 83
2일 오늘을 한 단어로 붙잡는 시간 87
3일 날씨처럼 변하는 마음을 쓰다 92
4일 사소한 것을 기록하는 용기 96
5일 망쳐도 괜찮은 오늘의 일기 100
6일 나만의 방식으로 감사를 쓰다 104
7일 스스로에게 건네는 첫 번째 칭찬 108

2주 차. 나를 들여다보고, 관계를 기록하다

8일 아무에게도 하지 못한 말을 쓰는 밤 113
9일 변해 가는 나를 발견하는 시간 118
10일 불안을 글로 꺼내 마주보다 123
11일 사라지는 대화를 기록으로 남기다 128
12일 가까운 사람에게 쓰지 못한 진심 133
13일 서운함을 솔직하게 쓰는 용기 137
14일 2주간의 기록, 나의 작은 역사 142

3주 차. 미래를 쓰고, 새로운 나를 만나다

15일 앞으로의 나를 상상하며 쓰다 147
16일 미래의 나에게 보내는 첫 편지 151
17일 두려움을 글로 꺼내 건너다 155
18일 내 삶을 지탱하는 것을 발견하다 159
19일 같은 일, 다른 의미로 다시 쓰기 163
20일 21일 전의 나와 지금의 나 167
21일 일기와 함께 살아가는 어른으로 171

4장 일기를 잃지 않는 삶으로

일기 쓰는 어른이라는 정체성 181

매일이 쌓여 나만의 서사가 되는 순간 187

조용히 시작된 어른들의 일기 혁명 193

에필로그 오늘을 기록하는 사람은 오늘을 잃지 않는다 201

부록 21일간의 일기장 205

1장

왜 어른에게 일기가 필요할까

쓰는 순간, 뇌는 치유된다

지금으로부터 10여 년 전, 산으로 나들이를 갔던 엄마가 비탈길에서 굴렀습니다. 바위를 피해 구른 덕에 목숨은 건졌지만 갈고리가 되어 얼굴을 낚아채는 나뭇가지까지 막을 길은 없었지요. 응급실에 실려 온 엄마의 모습에 우리 가족은 아연실색했습니다. 오른쪽 뺨에서부터 쇄골까지 찢어진 피부가 책장처럼 펼쳐져 있었기 때문입니다. 수술은 무사히 끝났지만 엄마의 얼굴에는 아주 긴 상처가 남았습니다. 전 세계 어느 깡패를 데려와도 엄마 앞에서는 무릎을 꿇을 수밖에 없을 것입니다. 평생 미녀 소리만 들어온 엄마가 여생을 어찌 살아갈 수 있을까. 그런데 이런 저의 걱정은 기우였지요. 엄마는 여전히 자신을 세상에서 가장 아름다운 여자라 생각하며 거리를 활보합니다.

엄마의 아리따운 외모와 하늘을 찌를 듯한 자존감을 물려받았더라면 제 인생이 조금은 더 즐거웠을까요. 애석하게도 엄마는 저에게 곱슬머리와 알레르기 그리고 고르지 않은 치열만을 물려주었지요. 이 세 가지를 제외한 나머지는 아빠를 빼닮았습니다. 쌍꺼풀 없는 눈, 왕성한 피지 분비, 보름달 같은 얼굴형, 매운 음식을 먹지 못하는 유약한 위장까지 말이지요. 개중에서도 쉽게 불안해하고, 쉽게 좌절하며, 쉽게 슬픔에 빠지는 성향은 아빠와 판박이입니다. 같은 씨앗인 큰언니와 작은언니도 저와 다르지 않습니다. 아빠는 꿈에도 모르시겠지요. 당신 딸 셋 모두가 정신건강의학과 진료를 받았다는 사실을 말입니다.

2008년 6월 5일

생리불순은 자궁의 감기. 우울증은 마음의 감기.
감기, 감기, 다 감기래. 그럼 나는 뭐 만성 감기인가.
안 그래도 우울해 죽겠는데 생리마저 터질락 말락
시간을 끄니 짜증이 나서 미치겠다.
먼 미래에는 내가 정신병원에 감금될 것 같다는
생각이 자꾸만 든다. 아주 얇은 막이 나를 위태롭게
감싸고 있는 느낌이다. 이 막이 터지면
아마 나는 무너져 내리겠지. 정신병원에 입원하면
내 이야기를 아무도 귀담아듣지 않을 것이다.
그렇게 되기 전에 일단은 여기에 기록을 남긴다.

스무 살 무렵부터 기록해 온 블로그에 '우울'이라는 단어를 검색해 보았습니다. 엄청나게 많은 일기가 검색될 줄 알았는데 고작 예순네 개가 있었습니다. 앞선 일기는 그중 하나이지요. 그런데 신기하게도 최근 날짜에 가까워질수록 우울 타령을 하는 횟수가 줄어들고 있더군요. 혹시나 하는 마음에 이번에는 '행복'을 검색해 보았는데요. 놀랍게도 149개의 일기가 있었습니다. 다른 이의 행복을 부러워하는 내용도 섞여 있었습니다만 그마저도 제가 행복을 향해 나아가고자 하는 소망이 담긴 일기였습니다. 그러고 보니 예전에는 잠자리에 들 때마다 아침이 오지 않기를 기도했는데 요즘에는 '내일 뭐 먹지' 하며 잠이 드네요.

그런데 여전히, 저희 언니들은 우울감을 호소합니다. 같은 환경에서 나고 자랐건만 어째서 이런 차이가 발생한 걸까. 혹시 내가 오랜 시간 일기를 써 왔기 때문은 아닐까. 일기를 쓰며 위안받은 경험이 많았기에 혼자서 지레짐작해 보았습니다. 일하는 것도 힘들고, 돈 버는 것도 힘들고, 사는 것도 힘들다는 작은언니에게 일기 쓰기를 권한 것도 그런 이유에서였지요. 작은언니는 고개를 절레절레 저었습니다. 글을 쓸 줄 모른다나요. 무작정 밀어붙일 수 없었습니다. "이 약 한번 잡숴 봐. 침침했던 눈이 번쩍 뜨이고 굽었던 허리가 꽉 펴져!" 입증된 바 하나 없으면서 약을 팔아 젖히는 약장수 같았기 때문입니다.

일기를 쓰면 정신이 건강해진다는 실험을, 똑똑한 누군가가 이미 진행했을 거라는 생각이 들었습니다. 제 생각은 틀리지 않았습니다. 미국의 사회심리학자 제임스 페니베이커는 대학교 학부생들을 대상으로 '인생에서 가장 힘들었던 경험'을 쓰게 했지요. 같은 경험에 대해 하루에 20분씩, 나흘 연속으로 말입니다. 4회차로 갈수록 뚜렷한 변화가 일어났습니다. 같은 사건을 주제로 글을 썼음에도 네 번째 글에서는 부정적인 단어보다 긍정적인 단어의 수가 늘어났다고 해요. 또한 3주 후, 3개월 후, 심지어는 수년이 흐른 뒤에도 참가자들의 기본 스트레스 수준은 유의미하게 낮아져 있었습니다.

미국의 신경과학자 앤드루 휴버먼은 이 현상을 이렇게 설명했습니다. 스트레스를 받으면 사건의 맥락을 파악하고 감정을 조절하는 '전두엽'의 활동이 약해집니다. 반면, 공포나 불안 같은 감정에 즉각 반응하는 '편도체'는 과열되고요. 그래서 스트레스 상황의 기억은 우리 머릿속에 감정 덩어리로 남아 있다지요. 다행히도 사실에 근거해 경험을 말하면 전두엽이 다시 활성화된다고 합니다. 그러니까 감정 덩어리였던 기억을 거듭 글로 쓰며 하나의 이야기로 재구성하다 보면, 전두엽이 점점 강해지는 동시에 편도체의 과도한 반응이 잦아든다는 것이지요. 쉽게 말해, 불안하다고 호들갑 떠는 편도체를 전두엽이 통제할 수 있게 저, 무던한 거 맞지요?

된다는 이야기입니다.

인생에서 가장 힘들었던 경험을 하루에 20분씩 나흘 연속으로 쓴 적은 없습니다. 그저 20여 년 동안 일기를 쓰며 했던 소리를 하고 또 했을 뿐이지요. 그런데 페니베이커의 실험 결과에 따르면 일주일에 한 번씩 4주 동안 같은 사건에 대해 글을 써도 동일한 효과가 나타난다고 하더군요. 아마 저의 전두엽은 긴긴 세월에 걸쳐 시나브로 강화된 모양입니다. 얼마 전에는 어떤 원고를 쓰다가 저를 무던한 사람이라고 표현하기도 했지요. 무던하다는 표현이 적확한지 잠시 고민했습니다만, 아무리 생각해 봐도 지금의 저는 정말 그렇습니다. 주머니 사정이 좋지 않다는 작은언니에게 빌려준 돈을 아무래도 떼먹힌 것 같은데도 화가 나지 않는 걸 보면 저, 무던한 거 맞지요?

감정을 쓰면 마음은 가벼워진다

믿는 도끼에 발등을 찍혔습니다. 발등을 찍을 테니 이를 꽉 물라고 눈치라도 슬쩍 줬다면 마음의 준비를 했을 텐데, 무정한 도끼는 아무런 예고도 없이 저의 발등을 급습했지요. 하기야, 찍는다고 미리 알려줄 정도의 배려심을 지녔더라면 애초에 찍을 생각조차 하지 않았을 테지요. 처음에는 예상치 못한 찍힘에 어안이 벙벙했다가, 이내 현실을 자각하고는 꺼이꺼이 목 놓아 울었습니다. 그러다 눈물이 마르자 도끼 새끼 나쁜 새끼 따위의 험한 말이 마음속을 헤집어 놓았지요. 폭풍 같은 감정이 휩쓸고 지나간 자리에 덩그러니 남은 건, 그동안 이 도끼가 금도끼인 줄 알고 애지중지했던 스스로에 대한 자괴감이었습니다.

2023년 4월 3일

우리 사이가 예전과 같을 수 없다는 사실이

조금 많이 그렇다. 조금이면 조금이고 많이면 많이지,
조금 많이 그런 건 또 뭘까. 모르겠다.
난 그냥, 조금 많이 그럴 뿐이다.
하지만 살다 보면 이런 시간도 필요한 것이겠지.
아무 일도 손에 잡히지 않는 시간, 가슴이 터질 듯이
답답한 시간, 밥을 먹다가도 코끝이 찡해지고
길을 걸으면서도 눈물이 줄줄 흐르는 시간,
남자도 싫고 여자도 싫고 세상 사람 모두가 싫은 시간,
그리고 이런 글을 쓰는 시간.
이 모든 시간이 지나면 다른 시간도 찾아오겠지.

영화배우 톰 히들스턴은 말했습니다.

"부정적인 생각이 들 때는 그냥 태양을 지나쳐 가는 구름이라고 생각해요. 당신도 알잖아요. 부정적인 감정은 지나가요. 그건 그냥 감정일 뿐이에요."

그의 말에 따라 구름이 걷히기를 기다렸습니다. 하지만 맑은 날은 좀처럼 찾아오지 않고 '조금 많이 그런' 나날만 계속되었습니다. 비처럼 내리는 눈물이 그치지 않던 어느 날에는 점집을 찾아가기도 했습니다. 미래가 궁금하다는 핑계를 앞세워 "사실은 있잖아요" 하며 한풀이나 실컷 할 요량이었달까요. 하지만 20분이 흐르자 점쟁이는 "흠흠!" 헛기침하며 제 이야기를 끊었습니다. 5만 원어치 한

풀이는 그렇게 막을 내렸지요. 자본주의의 차가움에 뼛속까지 시렸습니다.

마음 같아서는 머리를 빡빡 밀고 산속으로 직행하고 싶었으나 속세에서 해야 할 일이 너무나도 많았습니다. 밀려오는 원고 마감도 있었고, 납부해야 할 돈도 있었으며, 산책시켜야 할 개도 있었지요. 특히, 방구석 은둔자인 저를 한 달에 한 번씩 불러내 주는 고마운 친구를 저버릴 수 없었기에 산이 아닌 약속 장소로 향했습니다. 저는 친구와 함께하는 그 귀한 시간 동안 기쁘고 행복한 이야기만 나누려 애를 썼는데요. 재채기와 사랑과 썩은 표정은 숨길 수 없다고 그 누가 말했던가요. 한껏 문드러진 제 얼굴을 본 친구가 자꾸만 옆구리를 찔러댔고, 저는 그만 마음속에 가득 차 있던 먹구름을 토해내고야 말았습니다.

"처음에는 황당해서 화도 안 나더라고. 그런데 시간이 좀 지나고 나니까 너무너무 열이 받는 거야. 하기야, 그런 인간을 믿은 내가 등신이지 누굴 탓하겠어. 그동안 쪽팔려서 얘기도 못 했는데 털어놓고 나니까 속이 다 후련하다, 야."

그런 제가 딱해 보였던 걸까요? 친구는 제 이야기를 한참 들어준 걸로도 모자라 헤어질 때마저 "잘 가" "들어가" "다음에 봐" 대신 "전화해" 하며 손을 흔들었습니다. 저는 고개를 끄덕였지만 그리하지는 않았습니다. '화가 났다, 열이 받다, 쪽팔리다, 후련하다' 같은 말을 실컷 쏟아낸 것만으로도 마음이 한결 가벼워졌기 때문이지요. 저는 문득 궁금해졌습니다. 어째서 슬픔은 나누면 반이 되는 걸까요?

미국의 신경과학자 매튜 리버먼은 이 현상을 실험으로 증명했습니다. 그는 감정이 담긴 얼굴 사진을 참가자들에게 보여준 후 그 표정이 '분노'인지 '공포'인지 단어로 표현하게 했는데요. 그런 그들의 뇌를 자기공명영상MRI으로 촬영했더니 신기한 일이 일어났습니다. 참가자가 표정에 해당하는 단어를 말하는 순간, 감정에 반응하는 '편도체'의 활동이 잦아들고 감정을 조절하는 '전두엽'의 활동이 활성화됐다고 해요. 앞 장에서 살펴본 것처럼 감정에 휘둘리는 편도체를 전두엽이 통제하는 것이지요. 이 말인 즉, 슬플 때 죽상을 짓지만 말고 "슬프다"라고 정확히 말해야 감정이 조절된다는 이야기입니다.

그러고 보니, 어린 시절의 제가 천방지축 망아지처럼 날뛸 때면 아빠는 제 이름을 또박또박 부르셨습니다.

"이주윤."

그래도 하던 짓을 멈추지 않으면 소리 높여 한 번 더 이름을 부르셨지요.

"이주윤!"

아빠의 입에서 흘러나온 그 세 글자가 어찌나 귀에 꽂

부정적인 감정은 지나가요.

그건 그냥 감정일 뿐이에요.

히던지 정신이 번쩍 들며 얌전한 어린이로 바뀌었지요. 아빠의 특급 기술을 물려받은 저 역시, 조카가 말을 듣지 않을 때면 소리 높여 녀석의 이름을 부르곤 하는데요. 효과는 말해 뭐 해, 백발백중입니다. 아이를 통제하려 할 때는 아이의 이름을 부를 줄 알면서, 감정을 통제하려 할 때는 왜 감정의 이름을 불러줄 생각을 하지 못했을까요?

이 사실을 알게 된 이후, 감정이 소용돌이치는 날에 일기를 쓸 적에는 오늘의 기분을 묻는 문장으로 서두를 엽니다. 그러고는 여러 감정 어휘를 떠올려 보지요. '조금 많이 그렇다'와 같은 애매모호한 표현 대신 '서운하다, 속상하다, 나쁘지 않다, 좋은 쪽에 가깝다'와 같은 명확한 어휘를 쓰고 나면 이리저리 날뛰던 기분이 잠잠해지는 듯한 느낌이 듭니다. 감정 어휘를 적확하게만 쓴다면 친구에게 전화를 걸어 속마음을 털어놓아도 같은 효과를 얻을 수 있겠지요. 하지만 저는 되도록 일기장에 하소연하려 합니다. 고민 상담 20분에 5만 원인 세상, 친구에게 무일푼으로 노동을 시키긴 미안하잖아요.

기록은 나를 바꾸는 가장 조용한 혁명

"선생님! 배가 찢어질 것 같아요!"

고강도 복근 운동을 견디지 못한 제가 고통을 호소하면 필라테스 선생님은 웃으며 대답하십니다.

"찢어지지 않아요."

필라테스가 운동이 되느냐고 묻는 사람이 많은데요. 경험해 보지 않았으면 그런 말은 하지 마십시오. 웨이트 트레이닝으로 몸을 다져 온 사람조차 고개를 절레절레 젓는 운동이 필라테스입니다. 그만큼 몸에 좋은 운동임은 틀림없지요. 필라테스를 해 보고는 싶지만 좀처럼 엄두가 나지 않는다면 일대일 수업보다는 그룹 수업을 추천해 드립니다. 그룹 수업에서는 선생님이 한 명 한 명 돌아가며 동작을 봐주시는데요. 선생님이 등을 돌리고 있을 때 잠깐씩 쉬면 목숨을 부지할 수 있거든요.

하지만 요가원에서는 이 방법이 통하지 않습니다. 요가가 운동이 되냐고요? 유튜브에서 '아쉬탕가'를 검색하고 딱 10분만 따라 해 본다면 다시는 그런 질문을 못 하실 겁니다. 뭐 어쨌건, 요가는 필라테스에 비해 더 많은 사람이 수업에 참여하는데요. 선생님이 개개인의 동작을 잡아 주기에는 무리가 따르기에 맨 앞에서 시범을 보이는 경우가 대부분입니다. 이 말인즉, 누가 열심히 하는지 또 누가 대충하는지 빠짐없이 보인다는 이야기지요. 선생님의 감시 아래 요가를 하다 보면, 이곳이 요가원인지 동춘서커스단인지 태릉선수촌인지 헷갈릴 때가 한두 번이 아닙니다. 덕분에 전에는 못하던 팔굽혀펴기를 할 수 있게 되었습니다.

보시다시피 저는 누군가의 시선이 있어야지만 무언가를 똑바로 하는 사람입니다. 글쓰기 실력이 크게 향상된 것도 출판을 한 이후이지요. 블로그에 일기를 끄적일 때는 아무 소리나 씨불였지만, 독자가 생긴다고 생각하니 단어 하나하나를 고심하게 되더라고요. 이뿐만이 아닙니다. 집에서는 시원하게 트림하고 방귀도 부르륵빡빡 뀌는 제가, 바깥에서는 요조숙녀 행세를 하지요. 재택근무를 할 적에는 인스타그램을 수시로 들여다보며 농땡이 치는 주제에 공유 오피스에서는 프로페셔널한 척하기도 하고 말입니다. 이런 저를 부끄러워하지는 않으렵니다. 여러분도 집에서는 부르륵빡빡 하신다는 사실을 알고 있기 때문이지요.

1924년, 미국 시카고의 '호손 공장' 근로자들도 우리와 다르지 않았습니다. 하버드 대학교의 심리학자 엘턴 메이오와 경영학자 프리츠 로슬리스버거는 조명의 밝기가 생산성에 미치는 영향을 실험했는데요. 정말이지 희한하게도, 조명을 밝게 하든 어둡게 하든 생산성이 올라갔다고 해요. 당황한 연구진이 근로자들에게 이유를 묻자 의외의 대답이 돌아왔지요. 유명한 대학의 학자들이 지켜보고 있으니 최선의 결과를 보여주고 싶었다는 것입니다. 이 실험은 중요한 발견으로 이어졌습니다. 사람은 누군가에게 관심받고 있다는 인식만으로도 더 나은 성과를 내고자 하는 내적 동기를 갖게 된다는 사실이지요. 이것을 바로 '호손 효과'라고 합니다.

저는 혼자 살고, 혼자 놀고, 혼자 일합니다. 예전에는 저 좋다고 따라다니는 남자가 꼭 한 명씩 있었는데 이제는 다들 장가를 갔는지 보이질 않네요. 이런 제 곁에는 저를 지켜봐 주는 타인이 없습니다. 자칫하면 느슨해지기 딱 좋은 환경이지요. 그런데 이런 저도 호손 효과를 톡톡히 누리고 있습니다. 일기를 쓰는 순간만큼은 제가 제 모습을 지켜볼 수 있으니까요. 점심으로 무얼 먹고, 오늘 하루 얼마만큼 일했으며, 누구와 어떤 대화를 나눴는지 저는 다 압니다. 심지어는 아무에게도 털어놓지 않는 속마음까지 낱낱이 들여다볼 수 있지요. 저는 저를 지켜보는 것에만 그치지 않고 따끔한 충고를 하기도 합니다.

2020년 7월 10일

쓰라는 글은 안 쓰고, 신문사 부장님이랑
술 한잔하고서 집에 들어가는 중이다.
알딸딸과 멀쩡의 중간에서 오늘을 기록해 본다.
"부장님은 탈탈 털어도 먼지 한 톨 안 나올 것
같아여어어…. 그러니까 그르케 무시무시한
신문사에서 오래 일하지…." 나의 혀 꼬부라진 소리에
부장님이 껄껄 웃었다. 나를 탈탈 털면 무엇이 나올까.
먼지, 쓰레기, 얕은 지식과 알량한 자존심.
주윤아, 정신 차리고 공부 열심히 해.
책 좀 읽고, 필사 좀 하고, 생각도 좀 하고 살아.
아, 여보게. 정신 차려 이 친구야-♪

채찍을 줬으면 당근도 줘야 하는 법. 따스한 격려를 건네는 일도 잊지 않지요.

2018년 9월 19일

친구와 통화하다가 "난 지금 아무것도
하고 싶지가 않아. 정말 아무런 의욕이 없어" 하며
한숨을 쉬었더니만 "언제는 의욕이 있었냐?

저는 저를 지켜보고 있는 저에게
앞으로도 최선의 결과를 보여주고 싶습니다.

너는 여태껏 의욕이 있었던 적이 없어"라는
조롱이 돌아왔다. 맞아, 난 늘 그랬지.
내일도 의욕 없이 불화 수업에 갔다가,
의뢰받은 표지 일러스트를 의욕 없이 그려야지.
하지만 아무래도 괜찮아. "의욕이 있어서
의욕적으로 일하는 사람은 결코 대단한 게 아니야.
의욕이 없는데도 어찌어찌 뭐라도 하는
네가 정말 대단한 거야"라고 내가 나에게 말했으니까.

어쩌면 저는 하버드 대학교의 학자보다 더 나은 관찰자일지도 모릅니다. 그들은 실험이 끝나면 떠나버리지만 저는 평생에 걸쳐 일기를 쓰며 저 자신을 지켜볼 수 있으니까요. 무지렁이인 걸로도 모자라 게으르기까지 했던 저를 이만큼 성장하게 해준 저 자신에게, 이 자리를 빌려 고맙다는 말을 전합니다. 저는 저를 지켜보고 있는 저에게 앞으로도 최선의 결과를 보여주고 싶습니다. 그리하여 오늘도, 늘 그래왔듯 의욕은 없지만, 엉덩이 딱 붙이고 앉아 일을 해 보렵니다. 점심을 먹고 난 직후라 식곤증이 몰려와 졸려 죽을 것 같지만, 해야 할 일이 너무 많아 가슴이 갑갑해 죽을 것만 같지만, 저 자신에게 따끔한 한마디를 건네며 다시금 정신을 차려 봅니다.

"죽지 않아요."

2장

어른의 일기를 만드는 일곱 가지

한 문장으로 시작하는 용기

2016년 어느 겨울날, 뜨끈뜨끈한 전기장판 위에 인절미처럼 들러붙어 손바닥이 노래지도록 귤을 까먹고 있는데 편집자에게서 연락이 왔습니다. 편집자는 1,600자 분량의 에세이를 격주로 써 달라는 모 신문사의 요청을 전달했지요. 당시 저는 첫 책을 시원하게 말아먹고 몇 년간 개점휴업 상태로 지내다가 두 번째 책을 이제 막 출간한 초짜 작가였는데요. 뜻밖의 기회에 어리둥절해했던 것도 잠시, 알고 보니 신문사 부장님께서 제 블로그를 염탐하고 계셨다는 사실에 놀라움을 금치 못했습니다. 그로부터 며칠 뒤 마련된 식사 자리에서 부장님은 말씀하셨습니다.

"3개월까지는 연재 보장해 드릴게요. 그다음은 이 작가님 하기 나름이에요."

부장님은 제가 고루한 신문에 새바람을 불어넣을 젊은 피라고 믿어 의심치 않으셨지요.

쫄았다. 이 모든 것이 무엇인가에 도달하기 위한
과정임을 알지만 그래도 이번에는 전과는 다르게
쫄다, 쫄다, 쫄다 못해 속이 다 탔다.
하지만 나는 한국말을 능숙하게 구사할 줄 알고
그것을 받아 적을 노트북도 가지고 있다.
마감일까지 1,600자를 써내지 못할 리 없다.
못 쓰면 사람이 아니다. 짐승이다.
아니 근데, 이런 글은 술술 쓰면서 왜 그런 글은
못 쓰는 거야. 아우, 몰라. 나 진짜 짐승인가?

돋보기를 쓰고서 조간신문을 읽을, 이름 모를 할아버지 독자의 얼굴이 눈앞에서 아른거렸습니다. '엄마'는 애들이 쓰는 단어 같으니까 '어머니'라고 해야 하는 건지, 나만 알고 독자는 모르는 내 친구 '정아'의 이름을 밝혀도 되는 건지, 키 크고 잘생긴 남자를 좋아한다고 고백해도 되는 건지, 모든 것이 모호하기만 했습니다. 무엇보다 정해진 분량에 맞춰 글을 써본 적이 없었기에 미치기 일보 직전이었지요. 도서관으로 뛰어가 글쓰기 관련 도서를 집히는 대로 읽었습니다. 글쓰기 선배들의 주옥같은 말씀 중 가장 도움이 되었던 건 '기승전결'을 구성해 보라는 이야기였습니다. 네 줄짜리 글을 지표 삼아 써 내려가다 보면 군소리 없는 탄탄한 글이 완성된다고 했지요. 덕분에 첫 마감을 무사히 넘겼습니다. 게다가 지금까지도 신문에 에세이를 연재하고 있고요.

고백하건대 그 과정은 결코 쉽지 않았습니다. 기승전결에 의지해 글을 써도 흐지부지되는 경우가 부지기수였거든요. 쏜살같이 다가오는 마감을 무사히 치르려면 스스로가 사람인지 짐승인지 괴로워하며 울부짖는 시간조차 아껴야 했습니다. 그리하여 다시금 정신을 집중하고 저 자신에게 이렇게 물었습니다.

'네가 진짜로 하고 싶은 이야기가 뭐야? 이런저런 쓸데없는 소리 집어치우고 그거 딱 하나만 생각해.'

머릿속에서 복잡하게 떠다니는 생각을 거르고, 거르고, 거르다 보면 한 문장이 남았습니다. 그리고 거기에서부터 다시 시작했지요. 그 한 문장을 제외한 나머지는 그 문장을 향해 나아가기 위한 징검다리라고 생각하며 글을 썼습니다. 외길을 따라 걸으니 방향을 잃을 일도 없었지요.

한 문장의 무한한 가능성을 체감한 저는 한 줄짜리 일기를 자주 쓰게 되었습니다. 일상에서 '아!' 하고 느껴지는 작은 깨달음을 흘려보내지 않고 블로그에 문장으로 붙잡아 두었지요. 정아네 집에 놀러 갔던 날도 그랬습니다. 저는 결혼도 하고, 아이도 낳고, 퇴사까지 한 정아에게 부러움을 표했는데요. 정아 역시 자신의 팔자가 나쁘지 않다는 걸 인정하더군요. 가족과 도란도란 보내는 저녁이 행복하다나요. 친구의 저녁을 방해하고 싶지 않았던 저는 일찌감치 자리에서 일어났습니다. 그러고는 작업실로 돌아와 자정이 넘을 때까지 일을 했지요. 마감, 마감, 그놈의 마감이 원수였습니다. 가까스로 원고를 마무리하고 나서야 지친 발걸음으로 작업실을 나섰습니다. 그런데 문득, 이러한 문장이 떠오르지 뭡니까.

2024년 4월 27일

이게 바로 내 저녁이야.

한 줄짜리 문장은 몇 날 며칠이 지나도록 머릿속에서 사라지지 않았습니다. 오히려 이 문장 주변으로 다른 문장이 모여들기 시작했지요.

나는 결혼하지 못했다, 아이도 낳지 못했다, 내가 나를 먹여 살려야 하니 죽는 날까지 일을 그만두지도 못한다, 이러한 이유로 엉덩이가 문드러지도록 자리에 앉아 맡은 일을 해내야만 한다, 하지만 모두의 삶이 같은 형태를 띨 수는 없는 법, 남들처럼 단란한 밤을 보낼 수는 없지만 나에게도 나만의 저녁이 있다, 치열하게 일하는 것, 이것

혼탁한 모래를 거르고 걸러
채취한 사금처럼,
생각의 정수를 담은 가치 있는 글

이 바로 나의 저녁이다—와 같은 문장들 말입니다. 이 글을 쓰는 현재 시각은 밤 12시 41분입니다. 모두가 잠든 시간에 일하면서도 억울한 마음이 들지 않는 건 이것이 바로 저의 저녁이라는 사실을 이제는 알기 때문입니다.

한 문장으로 일기를 쓰는 일은 누구나 할 수 있을 만큼 쉽습니다. 하지만 쓰기 쉽다고 해서 가벼운 것은 아니지요. 혼탁한 모래를 거르고 걸러 채취한 사금처럼, 생각의 정수를 담은 가치 있는 글이니까요. 일기를 써보고 싶지만 어디서부터 어떻게 시작해야 할지 모르겠다면 머릿속에 떠오르는 한 문장을 기록해 보시기를 권해드립니다. 번뜩이는 생각은 반짝하고 사라지기 쉬우니 떠오르는 즉시 받아 적어두면 좋겠지요? 저는 직업이 직업이니만큼, 그렇게 떠오른 한 문장에 살을 붙여 한 편의 글로 확장하지만 여러분은 그리하지 않으셔도 좋습니다. 생각을 확장하는 것만으로도 충분하니까요. 글솜씨가 없다는 걱정일랑 하지 마세요. 피곤하다는 핑계도 대지 마세요. 한 문장, 딱 한 문장이면 됩니다.

감정을 마주하는 시간

소설가가 되고 싶었습니다. 글쓰기를 직업으로 삼는 사람은 모두 소설가인 줄 알았기 때문이지요. 하지만 막상 소설을 써보니 세상에 없는 이야기를 만들어 내는 소질이 저에게는 없다는 사실을 알게 되었습니다. 그래도 무엇이든 쓰며 살아가고 싶었기에 들어오는 일을 마다하지 않았는데요. 그러다 보니 여러 출판사와 작업하게 되었지요. 그 중에서도 저를 유독 힘들게 하는 출판사가 있습니다. 저는 그 출판사 대표를 '아는 아저씨'쯤으로 여깁니다. 대표 역시 저를 '아는 애' 정도로 생각하는 모양인지 사람을 아주 그냥 들들 볶는답니다. 작업을 진행할 때마다 "내가 다쒸는 여기랑 일 안 한다!" 하며 이를 부득부득 간다니까요.

그럼에도 먹고는 살아야겠기에 대표가 손을 내밀 때마다 덥석 잡았습니다. 어린이에게 감정 어휘를 알려주는 책을 만들자는 제안을 거절하지 못한 것도 같은 이유에서였지요. 가제는 '어린이를 위한 마음 공부'였습니다.

"아니, 마음을 느끼면 되는 거지 뭐 하러 공부를 해. 제목부터가 마음에 안 들어, 하여튼!" 툴툴거리면서도 계약서에 사인을 갈기는 저였지요. 여러 번의 회의를 거친 끝에 내린 결론은 이러했습니다.

아이들의 실제 일기를 바탕으로 상황에 꼭 맞는 감정 어휘를 뽑고, 그 감정을 다루는 방법을 알려주자! 글밥은 적게, 그림은 많이, 할 수 있지? 이 많은 그림을 언제 다 그려, 미쳤어요? 하여튼 그림은 많이!

대표는 주변 엄마들에게 부탁해 아이들의 일기장을 산더미처럼 공수해 왔고, 저는 그 일기를 눈이 빠져라 읽었습니다. 아이들이 사용한 감정 어휘는 생각보다 단조로웠지요.

오늘은 기다리고 기다리던 캠핑을 가는 날이었는데
아빠가 늦잠을 자서 출발을 못 했다. 짜증이 났다.

그동안 모은 용돈으로 장난감을 사려고 했는데
마트 가는 길에 돈을 잃어버렸다. 짜증이 났다.

언니한테 같이 놀자고 했는데 친구랑 약속이 있다며
나만 혼자 두고 나가버렸다. 짜증이 났다.

제가 첫 번째로 착수한 작업은 '짜증이 났다'로 뭉뚱그려진 아이들의 감정을 '실망했다, 속상했다, 쓸쓸했다'처럼 하나하나 세분화하는 일이었습니다.

아이들의 일상을 세심하게 들여다보고 그 안에 녹아 있는 감정을 길어 올리는 일은 쉽지 않았습니다. 아이들이 써 내려간 이야기에 뚜렷한 맥락이 없었기 때문이지요. 그런데 그것보다 저를 더욱 힘들게 한 건, 그림을 많이, 그것도 아주 많이 그려 달라는 대표의 요구였습니다. 발이 손이라면 얼마나 좋을까요. 그렇다면 일을 두 배로 빨리할 수 있었을 텐데 말입니다. 애석하게도 제 손은 두 개뿐이었고, 양손잡이도 아닌 오른손잡이였기에, 약속한 마감일이 다가왔는데도 원고를 마무리하지 못했습니다. 저는 일단 누울 자리를 봤습니다. 보아하니, 생떼를 마음껏 부려도 괜찮을 것 같아 다리를 쭉 뻗었지요.

2017년 9월 20일

대표가 매주 화요일마다 전화해서 원고를
내놓으라고 닦달한다. 나도 빨리 마무리하고
인세 받고 싶다고. 그런데 그게 맘대로 안 되는 걸
어쩌라고. 오늘도 역시나 "어디냐" 하며
잔소리 시동을 부릉부릉 걸기에 농담 20%,

진담 80%의 비율로 "뭔 상관이에요" 하고 대답했다.
그러자 대표 왈, "도서관이라고?"
대표의 청력이 좋지 않다는 사실은 알고 있었지만
"뭔 상관이에요"를 "도서관이에요"라고 듣다니.
자기가 듣고 싶은 대로 듣는 게
너무 웃겨서 길을 걷다 멈춰 서서 깔깔 웃었다.

대표의 잔소리를 더는 듣고 싶지 않았던 저는 서둘러 원고를 마감했습니다. 그러고는 예의 그랬듯 "내가 다쒸는 여기랑 일 안 한다!" 하며 이를 갈았지요. 하지만 당시의 저에게 일거리를 주겠다는 사람은 대표밖에 없었기에 또다시 계약서에 사인을 갈기러 출판사로 달려갔답니다.

2017년 12월 6일

계약서에 사인을 했다. 이번에는 일러스트 작업이다.
대표가 저녁으로 뭘 먹고 싶냐고 묻기에
킹크랩 500만 원어치라고 대답했다. 그러자 대표는
나를 노량진으로 데리고 가 진짜로 킹크랩을 사줬다.
맥주에 소주도 맛있게 말아주고 대리를 불러
집에도 데려다줬다. 대표는 술 취한 목소리로 자꾸만
내 이름을 부르며, 올해도 나랑 같이 일하느라

고생했다, 내년에는 더 재미있게 일해 보자,

나 돈 쓸 준비 돼 있다, 하고 말했다.

아저씨, 내 이름 좀 그만 불러. 마음 약해지니까.

'다시는 안 해, 다시는 안 한다' 거듭 말하면서도 대표와 저는 지금껏 함께 일하고 있습니다. 우리는 서로를 못 잡아먹어 안달이면서도, 어쩜 이리 오래도록 함께할 수 있었던 걸까요? 예전 일기를 찬찬히 읽어보니 그 이유를 알 것 같습니다. 내용은 퉁명스럽기 짝이 없지만 2017년 9월 20일 일기 속에는 '유쾌하다'는 감정이 숨어 있습니다. 12월 6일의 일기에는 '다정하다'는 감정이 녹아 있고요. 그동안 저는 제가 대표를 미워하고, 기피하고, 원망하는 줄 알았습니다. 그런데 마음속 깊은 곳을 가만히 들여다보니 긍정적인 감정이 자리 잡고 있었던 것이지요. 이다지도 둔한 사람이 아이들의 감정 표현 방식에 감 놔라 배 놔라 했다는 사실이 민망할 따름입니다.

우리는 감정을 드러내는 일에 유난히 서툽니다. 괜스레 쑥스러워 마음을 꼭꼭 숨기다 보니 본인조차 자신의 감정을 오해하기 쉽지요. 자신의 마음을 제대로 알고 싶다면 일기를 쓴 뒤 찬찬히 읽어보며 그 속에 숨어 있는 감정을 발굴해 보세요. 그러다 보면 미워하던 사람을 좋아하게 될 수도 있고, 끔찍하기만 했던 하루가 감사하게 느껴질지도 모릅니다. 마음속에서 분명 무언가 느껴지는데 딱 맞아떨어지는 어휘가 떠오르지 않는다고요? 그렇다면 감정과 관련된 어휘를 잔뜩 알려드릴 테니 그중 어떤 것이 내 마음과 어울리는지 곰곰이 궁리해 보세요. 제가 직접 경험해 보니, 마음도 공부해야 알 수 있겠더라고요.

Words for Emotions

분노·짜증	놀람·당황	기쁨·긍정	슬픔·상처	두려움·불안	사랑·애정
화난	놀란	행복한	슬픈	무서운	사랑하는
짜증 난	당황한	기쁜	외로운	겁난	다정한
답답한	어리둥절한	즐거운	서운한	불안한	소중한
억울한	멍해진	신난	속상한	긴장한	애틋한
심술 난	혼란스러운	설레는	실망한	걱정스러운	정이 가는
성가신	충격받은	뿌듯한	우울한	조마조마한	고마운
분노한	정신없는	만족한	풀이 죽은	초조한	아끼는
원망스러운	얼떨떨한	반가운	허전한	떨리는	친근한
불쾌한	생소한	들뜬	쓸쓸한	불편한	믿음직한
신경질적인	낯선	흐뭇한	상처받은	마음이 무거운	배려하는
부아가 난	믿기 힘든	희망찬	기운 없는	기겁한	존중하는
울화가 치미는	갑작스러운	자신 있는	후회되는	위태로운	마음이 따뜻한

자신의 마음을 제대로 알고 싶다면
일기를 쓴 뒤 찬찬히 읽어보며
그 속에 숨어 있는 감정을 발굴해 보세요.

아무에게도 말하지 못한 것들을 쓰는 자유

언젠가 인터넷에서 귀여운 그림을 봤습니다. 도토리가 든 보따리를 어깨에 메고 가는 사람을 향해 다람쥐가 손가락질하며 노발대발하는 모습이었는데요. '초등학생치고 솜씨가 제법인걸?' 하는 생각도 잠시, 그 그림이 월간 『산』에 재직 중인 윤성중 기자님 작품이라는 사실을 알고는 어이없는 웃음이 터지고야 말았습니다. 도토리를 허가 없이 줍는 건 불법이라는 내용의 기사를 썼는데 딱 맞는 관련 사진이 없어 직접 그렸다고 하더군요. 그의 비범함은 여기서 그치지 않았습니다. 기자님이 연재하는 칼럼 제목이 무려 '등산 시렁'이었거든요. 대표의 눈치 따위 보지 않는 기자님의 패기에 절로 박수가 나왔지요.

칼럼 내용 역시 제목만큼이나 파격적이었습니다. 산을 싫어하는 사람을 모아 산악회를 결성하기도 하고, 서먹한 친구와 산행을 하며 관계에 어떤 변화가 일어나는지 관찰하기도 했지요. 심지어는 등산하다 만난 달팽이에게 인터뷰를 요청하기도 했고요. 이다지도 신선한 칼럼이 책으로 묶이지 않을 리 없었습니다. 출간을 했으니 북토크가 열리는 건 당연지사였고요. 기자님을 직접 만나 이야기를 들어보고 싶었습니다. 하지만 방구석 지킴이인 저의 정체성이 제 발목을 붙잡았지요. 북토크에 갈까, 말까, 갈까, 말까, 천 번쯤 고민하던 저는 "에라, 모르겠다" 하며 신청 버튼을 눌렀습니다. 북토크에 참여하면 얼굴을 그려준다고 했기 때문입니다.

그로부터 며칠 후, 연남동의 어느 작은 서점에 저와 같은 사심을 품은 사람들이 열 명 남짓 모였습니다. 장기하를 약간 닮은 윤성중 기자님은 몹시 부끄러워하면서도 매우 능숙하게 북토크를 이끌었지요. 땀을 뻘뻘 흘리며 초상화를 그리는 모습은 멋있으면서도 짠하고, 재미있으면서도 신기했습니다. 기다리고 기다리던 제 차례가 다가왔습니다. 기자님은 저에게 물었지요.

"원하는 문구 있으세요? 제가 그림에 글씨 넣는 걸 좋아해가지고…."

잠시 고민하던 저는 대답했습니다.

"음… '쓰기 시렁'이라고 써 주세요!"

내 입으로 쓰기 싫다는 이야기를 하다니. 정말이지 오래간만의 일이었습니다.

2016년 10월 9일

출판사에 놀러 가는 게 좋다. 편집자들과
노닥거리는 것도 좋다. 넓디넓은 광화문 교보문고를
산책하는 것도 좋고 남이 쓴 재미있는 이야기를 읽는
것도 좋다. 그런데 어째서 글은 쓰기 싫은 것일까.
하고 싶어 시작한 일인데 어쩜 이리 싫을 수 있을까.
글쓰기가 너무너무너무너무 싫어서 미쳐버리겠다고,
가까이 지내는 편집자에게 실토했더니 "그렇게 쓰기
싫으면 취직해. 취직해서 재미없는 사람들이랑
재미없는 일이나 하고 살어" 하는 대답이 돌아왔다.
나는 실어증에 걸린 사람처럼 입을 꾹 다물었다.

그날 이후로는 '글쓰기 싫다'는 말을 입 밖으로 꺼내지 않았습니다. 낮말은 새가 듣고 밤말은 쥐가 듣는다는 속담에 지레 겁을 먹어 혼잣말로도 하지 않았지요. 제 이야기를 들은 누군가가 비아냥거릴 것 같았기 때문입니다. 어렵게 얻은 일자리를 빼앗길 것 같았기 때문입니다. 쓰기 싫은 글을 억지로 써서 독자에게 돈 받고 팔아먹는 파렴치한이라는 사실을 들키고 싶지 않았기 때문이기도 했지요. 글쓰기 싫다는 이야기는 영원한 비밀로 간직하기로 마음먹었습니다. 하지만 이따금, 글쓰기가 너무너무 싫어 가슴이 터질 것 같은 날에는 "임금님 귀는 당나귀 귀!" 하고 대나무 숲에다 외치던 이발사처럼, "쓰기 싫어 미치겠다!" 하며 악을 쓰고 싶었습니다.

2020년 9월 20일

이번 원고는 유난히 진도가 나가지 않았다.
그러거나 말거나 마감은 다가오고 지면을 빵꾸낼 수는
없으니 적당히 마무리하여 메일을 보냈다.
신문사에서 답장이 왔다. 주말에도 출근해야만 하는
작금의 상황이 짜증 나기는 하지만 대기업 임원들은
주 7일 근무한다고 하니 닥치고 일이나 하겠다는
기자님의 신세 한탄이었다. 일하기 싫다, 일하기 싫다,
하면서 매일매일 신문을 만든다는 게 아무래도 웃겨서
웃음이 터졌다. 나도 쓰기 싫다, 쓰기 싫다, 하면서
원고 썼는데. 나만 이랬을까 내 옆 칸에 원고 쓴 사람도
마찬가지겠지. 그럼 이 신문의 정체는 도대체 뭐야.
싫다, 싫다, 정말 싫다인가?

서울특별시에 거주하는 관계로 가까운 곳에 대나무 숲은 없었지만 다행히도 제 곁엔 일기장이 있었습니다. 쓰기 싫다! 진짜로 쓰기 싫다! 쓰기 싫어서 미쳐버리겠다아

아아아! 그렇게 시원스레 갈기고 나면 마음이 한결 가벼워졌지요. 일기장은 대나무 숲보다 나았습니다. 대나무 숲에 바람이 불면 “임금님 귀는 당나귀 귀” 하는 소리가 바람결에 실려 온 나라로 퍼져 나가지만, 일기장은 누군가가 펼쳐보지 않는 한 입을 꾹 다물고 비밀을 유지하니까요. 그리하여 저는 이 믿음직스러운 친구에게 비밀 이야기를 실컷 털어놓곤 합니다. 제가 저지른 나쁜 일과, 제가 아는 어떤 사람의 욕과, 저의 좀스러운 사고방식까지 모두 다 말이지요.

비밀은 ‘숨기어 남에게 드러내거나 알리지 말아야 할 일’을 뜻합니다. 하지만 그런 일일수록 자꾸만 누군가와 공유하고 싶어 하는 것이 인간의 본능인가 봅니다. 이 모순을 훌륭하게 해결할 방법이 일기 말고 또 있을까요? 일기장에 그 누구에게도 털어놓지 못한 이야기를 실컷 쏟아내 보세요. 그리고 한 발짝 떨어져, 마치 다른 사람의 비밀 이야기를 듣는 것처럼 일기를 소리 내어 읽어보세요. 그러면 마음의 짐이 조금이나마 덜어질 테니까요. “이게 웬 북 치고 장구 치는 소리야?” 싶겠지만 이거, 이거! 생각보다 효과가 있습니다! 그나저나, 쓰기 싫다는 제 비밀을 여러분께 말해 버렸으니 퍼져 나가는 건 시간 문제겠군요. 이래서 비밀은 일기장에만 써야 한다니까요.

일기장에 그 누구에게도
털어놓지 못한 이야기를 실컷 쏟아내 보세요.
그리고 한 발짝 떨어져,
마치 다른 사람의 비밀 이야기를 듣는 것처럼
일기를 소리 내어 읽어보세요.

일상의 신호를 읽는 눈

하늘은 높고 말은 살찌는 천고마비의 계절을 보내는 중입니다. 온갖 곡식이 무르익는 탓에 인간도 덩달아 살이 찌지요. 저도 예외는 아닙니다. 찬 바람이 불어 괜스레 헛헛해진 가슴을 음식으로 달래다 보니 몸무게가 시나브로 늘었습니다. 살이 오른 얼굴만 보면 맏며느리감이건만 남편이 없으니 조금 억울하기도 하네요. 단풍을 즐기러 나들이라도 간다면 칼로리를 소모하는 데 도움이 될 텐데요. 꼼짝없이 책상 앞에 앉아 일을 해야 하니 살이 빠질 리 만무합니다. 하늘이시여, 어째서 저를 이 세상에 보내셨습니까! 평생토록 일만 하다가 죽으라고 보내신 건 아니겠지요, 예? 달덩이 같은 얼굴을 치켜들고 대들어 보지만 푸르른 하늘은 그저 묵묵부답입니다.

이다지도 무미건조한 제 인생에도 제 나름의 재미는 있습니다. 그건 바로 첫사랑의 근황을 염탐하는 일이지요. 저는 키 크고 잘생긴 그 애를 정말로 좋아했습니다. 너무나 당연하게도, 그 애 주변에는 저 말고도 그를 좋아한다는 여자가 수두룩했지요. 저는 이 여자, 저 여자, 요 여자, 조 여자를 만나느라 바쁜 그 애에게 이별을 고할 수밖에 없었습니다. 그런데 짓궂은 하늘은 자꾸만 장난을 쳤습니다. 겨우겨우 잊은 그 애를 카페에서, 길거리에서, 지하철에서 거듭 마주치게 했거든요. 바삐 걷는 사람들 사이에 서서 저를 멍하니 바라보는 그 애는 영화 속 주인공이라 해도 손색이 없었습니다. 미남 밝힘증이 극심했던 저는 그 애와 다시 사랑에 빠질 수밖에 없었지요.

2007년 6월 8일

세상엔 너만큼 귀여운 깍쟁이가 없더구나.
길쭉한 다리, 탄탄한 팔뚝, 깔끔하고 단정한 옷차림과
밤톨같이 오목조목한 얼굴. 얼굴 파먹는 건 3개월이면
끝이라던데 나는 왜 1년째 이 지경일까? 얼굴뿐만이
아니라 미래에 대한 확고한 신념, 자기 분야에서
최고가 되려는 노력, 힘들지만 항상 웃는 모습이
너를 미워할 수 없게 만들어. 사람들은 너를 별로라고
말하지만 나는 내가 만나고 싶은 사람을 만나고 싶어.
만나고 싶다는 단 하나의 이유만으로 자꾸만 만나고
싶어지는 그런 사람을 만나고 싶어.

이십 대 내내 만났다가 헤어지기를 반복하던 우리는, 삼십 대에 접어들어 결국 남남이 되었습니다. 하지만 제 의지와는 상관없이 자꾸만 그 애가 생각났지요. 다행인지 불행인지, 그 애의 이름을 인터넷에 검색하면 근황을 알 수 있었습니다. 서른셋에도, 서른넷에도, 서른일곱을 넘어 마흔이 될 때까지도 저는 그 애를 훔쳐봤습니다. 이제는 '그 애'가 아니라 '그'라고 불러야 할 만큼 나이를 먹은 그였지요. 저는 그를 보며 잘생긴 사람은 나이가 들어서도 여전히 잘생길 수 있다는 사실을 깨달았습니다. 그런데 놀랍게도 마흔하나가 되던 해에 그가 변했습니다. 유튜브 영상 속에서 그가 활짝 웃는데 앞니가 하나 빠져 있지 뭡니까! 그 자그마한 공백은 그를 영구로 만들어 버리기에 충분했습니다.

치과 치료 중인 걸까. 아니면 누군가에게 얻어터지기라도 한 걸까. 혼란스러운 제 마음을 알 리 없는 그는 자신의 앞니에 대해 아무런 해명도 하지 않은 채 바보처럼 웃기만 했습니다. 앞니의 부재를 도저히 믿을 수 없었던 저는 엄지와 검지로 휴대폰 화면을 확대해 보았지요. 그걸로도 모자라 자리에서 벌떡 일어나 컴퓨터를 켜고, 커다란 모니터로 그의 구강 구조를 살피기까지 했습니다. 이런저런 오두방정을 떨던 저는 이내 체념하기에 이르렀습니다. 그래, 10년이면 강산도 변한다는데 네 치열이 변하지 못할 이유가 없지. 그런데 제 마음에도 꼭 그만한 블랙홀이 생겨났습니다. 그 블랙홀로 우리의 아름다웠던 추억이 모조리 빨려 들어갔지요.

그렇게 그의 존재를 까맣게 잊고 지내던 어느 날, 여느 때와 다름없이 인스타그램을 하며 빈둥거리던 중 디엠이 하나 왔습니다.

“안녕하세요. 연락할 방법이 없어서 이렇게 메시지 드립니다.”

그건, 다름 아닌 그였습니다. 휴대폰 번호를 바꾸지도 않았는데 연락할 방법이 왜 없어, 없기는! 제 번호를 지운 그가 얄미웠지만 그것도 잠시였습니다. 메마른 일상에 내리는 단비처럼, 노처녀의 가슴이 두근거렸지요. 하지만 답장을 보내기가 망설여졌습니다. 만일 제가 답장을 해 우리가 다시 만나게 된다면, 그런데 그의 앞니가 여전히 부재중이라면, 그동안의 안부를 먼저 물어야 할지 앞니의 행방을 먼저 물어야 할지 고민이 되었기 때문입니다.

하늘이시여! 어째서 저에게 이런 쓸데없는 고민을 안겨주시나이까, 예?

2025년 9월 18일

수락하지 않은 디엠은 30일이 지나면 자동으로

삭제가 된다고 한다. 오늘이 바로 그 마지막 날이다.
그에게 답장을 보낼까, 말까, 보낼까, 말까,
천 번쯤 고민하다가 결국엔 보내지 않기로 마음먹었다.
그건 '하늘이 어째서 이러한 인연을 맺어 주었을까'
하고 골몰하는 내 귓가에 희미한 음성이 스쳤기
때문이다. 사랑도 해 보고, 마음도 아파보고,
그리워하기도 해 보라고 그 사람을 너에게 보냈노라.
20여 년 동안 해 볼 건 다 해봤으니 이쯤에서 그 인연을
마무리하라고 내가 그의 앞니를 빼앗아 갔노라.

가만히 생각해 보니 하늘은 그동안 많은 신호를 보내왔습니다. 이십 대 시절의 그가 툭하면 휴대폰을 꺼 놓았던 건 바람을 피운다는 신호였고, 말할 때마다 눈동자가 이리저리 움직이던 건 거짓말을 하고 있다는 신호였겠지요. 이다지도 둔한 내가 나쁜 남자에게 또다시 휘둘릴까 걱정돼 앞니를 가져가다니. 하늘의 장난에 비실비실 웃음이 났습니다. 하늘은 이렇게 시도 때도 없이 신호를 보내옵니다. 하지만 그 신호가 희미한 탓에 놓치기 일쑤이지요. 하늘의 신호를 명확하게 알아차리고 싶다면 연필을 안테나 삼아 하늘에게 말을 걸어보세요. 그렇다면 연필이 저절로 움직여 하늘의 신호를 받아 적을지도 모릅니다. 예? 분신사바냐고요? 아닙니다. 신호 탐색입니다.

하늘이시여!
어째서 저에게
이런 쓸데없는 고민을
안겨주시나이까,
예?

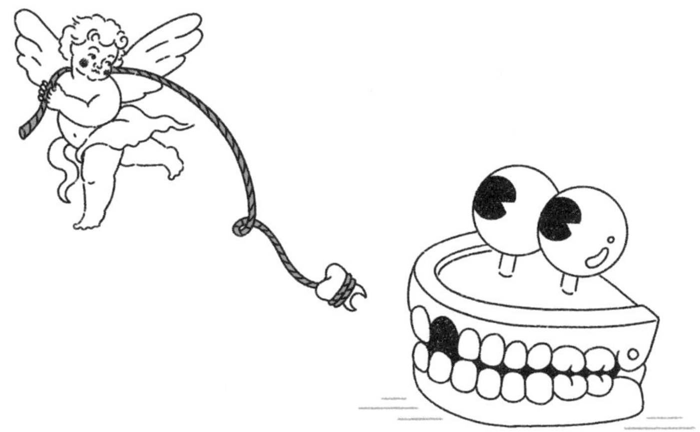

미래의 나와 나누는 대화

저는 창작욕에 불타오르는 사람은 아닙니다. 그럼에도 거듭 책을 낼 수 있었던 이유는 편집자가 기획을 제안해 주기 때문이지요. 어떤 때는 마음에 쏙 드는 기획이 들어오기도 하지만, 또 어떤 때는 저와 어울리지 않는 제안을 받기도 합니다. '행운을 부르는 말습관'이라는 가제가 붙은 기획안은 후자에 가까웠습니다.

"작가님이 그동안 연재하신 글을 읽어보니까요. 세상을 긍정적으로 바라보는 문장이 숨어 있더라고요. 그 문장을 확언처럼 일상에서 반복하다 보면 독자의 삶도 긍정적으로 변할 것 같아요."

'긍정'도 부담스러운데 거기에다 '확언'까지 얹다니. 하루하루가 피곤해 들숨과 날숨 대신 한숨만 쉬는 저에게 어울리지 않는 단어였습니다.

"오, 정말 멋진 기획이네요! 그런데 저하고는 좀…."

제가 고개를 갸웃하자 편집자는 기세 좋게 밀어붙였

습니다. 확언이라고 해서 거창할 필요 없다, 오히려 가볍고 소소해야 독자가 공감할 수 있다, 작가님이라면 충분히 해낼 수 있다, 아자, 아자, 아자자! 하지만 이 바닥에서 이리 구르고 저리 구른 지도 어언 15년, 그러한 추임새에 쉽사리 넘어갈 제가 아니었지요. 편집자는 이런 저에게 『2억 빚을 진 내게 우주님이 가르쳐준 운이 풀리는 말버릇』이라는 책을 추천했습니다. '긍정 확언'에 대해 가볍게 전달한 책인데 일본에서 큰 인기를 끌었다고 해요. 인기에 목마른 저는 그 책을 읽어보지 않을 수 없었습니다.

이 책의 저자인 고이케 히로시는 의류점을 개업했다가 경영난으로 사채에 손을 대고, 파산 지경에 이릅니다. 눈물을 흘리며 저도 모르게 "포기하지 마"라는 말을 중얼거리던 그때, 히로시의 눈앞에 '우주님'이 나타납니다. 우주님은 이렇게 말하지요. 우주는 사람이 입 밖으로 표현한 말을 증폭시켜 현실로 나타낸다고, 그러니까 결과를 정하고 우주에 주문하라고, 해피엔딩을 설정하면 반드시 해피엔딩이 될 거라고 말입니다. 히로시는 "10년 만에 빚을 갚고 행복해졌습니다"라는 결과를 우주에 주문한 후, 할 수 있는 일을 하나씩 처리해 나가기 시작했습니다. 그리고 마침내 그 주문을 현실로 만들어 냅니다. 그것도 주문했던 날짜보다 1년 빠른, 9년 후에 말입니다.

자기계발서로 성공하는 사람은 저자밖에 없다고 그 누

가 말했던가요. 이런 터무니없는 이야기를 돈 주고 사서 읽다니. 저자의 성공에 일조한 듯싶어 입맛이 썼습니다. 그런데 에필로그에 쓰인 우주님의 말은 제 생각을 송두리째 바꿔 놓았습니다. 우주에는 시간 개념이 없다고 합니다. 굳이 말하자면 시간은 미래에서 과거로 흐른다지요. 이 말인즉, 과거를 바꿀 수 있다는 뜻이었습니다. 히로시는 우주님의 조언에 따라 과거의 자신을 향해 크게 외칩니다.

"포기하지 마!"

책의 도입부에서 저도 모르게 "포기하지 마" 하고 중얼거리던 히로시의 모습이 떠올랐습니다. 알고 보니 그 말의 정체는, 현재의 히로시가 과거의 히로시에게 보낸 응원이었던 것이지요.

2012년 11월 29일

나는 낭중지추야.

지극히 소설적인 이야기에 깊이 감응한 이유는 저에게도 비슷한 경험이 있기 때문입니다. 때는 바야흐로 찬바람이 불던 어느 초겨울, 책 팔아 먹고살 수 있으리라는 원대한 희망이 절망으로 변한 때였습니다. 야심 차게 출간한 첫 책이 그 누구의 관심도 받지 못해 새로운 일자리를 구할 수밖에 없었지요. 터덜터덜 힘없는 발걸음으로 출근하던 중 불현듯 마음속에서 이런 소리가 들려왔습니다.

"나는 낭중지추야."

그러고는 제가 주머니 속의 송곳이라 언젠가 세상에 드러날 수밖에 없을 거라는 믿음이 샘솟기 시작했지요. 그날 이후로는 걸을 때도 그냥 걷지 않고, '낭, 중, 지, 추' 구령에 맞춰 한 발짝씩 힘차게 내디뎠습니다. 저의 믿음은 날이 갈수록 커졌습니다.

2014년 12월 16일

"난 책 팔아서 돈 많이 벌 것 같어." "왜?"
"내 글 재밌잖아." "내 생각에 나도 돈 많이 벌 것 같어."
"왜?" "그렇게 생겼잖아." 내일모레면 각각 서른다섯,
서른하나 되는 자매의 대화치고는 너무나
비이성적이다. 언니와 나는 모든 면에 부정적이면서
각자의 성공에 대해서는 어쩜 이리 커다란 확신에
차 있을까. 어쨌거나 우리는 아프지 않고 오래 살기만
하면 언젠가는 성공한다. 그러니까 항상 차를 조심하자.
엉뚱한 결론을 내리고야 마는 우리는 참 이상한
자매다.

세월은 참 빠르기도 하지요. 이 일기를 쓴 날로부터 어느새 10여 년이 흘렀습니다. 지금의 저는 과거의 제가 원하던 대로 전업 작가가 되었습니다. 책 팔아 큰돈을 벌지는 못했지만 일거리가 끊임없이 들어오고 먹고 싶은 것도 마음껏 사 먹으니 이만하면 성공한 인생 아닐까 싶습니다. 이제 와 생각해 보니 그 시절의 제가 느꼈던 확신은, 지금의 제가 과거의 저에게 보낸 응원이었을지도 모릅니다. 방황하고 있을 과거의 저에게 다시 한번 메시지를 보내 봅니다.

"야아! 너는 낭중지추야! 돈도 많이는 아니지만 그래도 좀 벌긴 벌어! 그러니까 쭈그리처럼 살지 마! 어깨 쫙 펴고 씩씩하게 걸어, 짜식아!"

혹시, 여러분에게도 어렴풋이 떠오르는 미래가 있나요? 그렇다면 다가오지도 않은 미래가 어떤 이유로 지금 이 순간에 느껴지는지 생각해 본 적은 있으신가요? 우주님의 말마따나, 시간이 미래에서 과거로 흐르지 않고서야 그런 일이 가능할까요? 여러분의 머릿속에 그려지는 미래는 먼 훗날의 여러분이 보내는 메시지일지도 모릅니다. 속는 셈 치고 일기장에 그 미래를 한번 기록해 보세요. 그 순간, 아득하기만 했던 미래가 선명하게 보일 테니까요. 그리고 한 가지 더, 과거의 여러분에게 응원을 보내는 일도 잊지 마세요. 길을 찾지 못해 이리저리 헤매던 꼬마가 응원에 힘입어 현재까지 씩씩하게 걸어올 수 있도록 말입니다.

나는 낭중지추야.

JUNE
SUN MON TUE WED THU FRI SAT
30 29 28 27 26 25 24
23 22 21 20 19 18 17
16 15 14 13 12 11 10
9 8 7 6 5 4 3
2 1

망쳐도 괜찮은 글쓰기

저에게는 병이 있습니다. 학계에는 아직 보고되지 않은 희귀병으로, 병명은 '내 글 절대로 건드리지 마'입니다. 편집자가 제 문장을 고치기라도 하면 발작에 가까운 짜증을 일으키는 것이 주된 증상이지요. 언제 발병했는지는 정확히 기억나지 않지만, 어느 책에서 드라마 작가 김수현의 글을 읽은 후로 증세가 심각해졌다고 추측하고 있습니다. 그녀는 자기가 쓴 대본을 그 누구도 손대지 못하게 한다고 했지요. 재미있는 사실은, 굳이 그녀가 요구하지 않아도 다른 이가 고칠 수가 없다는 점입니다. 왜냐하면 그녀의 작품은 토씨 하나만 고쳐도 말이 되지 않기 때문이지요. 그럴 만도 합니다. 드라마 〈내 남자의 여자〉에서 조강지처를 두고 바람을 피우는 남자 주인공에게 "야! 홍준표 너! 바빠서 뭐 먹고 뒤처리할 새도 없다면서 첩년 끼고 나와 시장 볼 새는 있구나?" 하고 쏘아대는 하유미의 대사를, 과연 누가 고칠 수 있겠습니까.

하지만 저는 김수현 같은 대작가가 아니었습니다. 제 문장은 편집자가 깡그리 뜯어고쳐도 말만 잘 됐지요. 너무나 자존심 상하게도, 그렇게 고친 글이 훨씬 더 좋을 때가 많았습니다. '내 글 절대로 건드리지 마' 병이 말기로 치달을 무렵, 저는 그 누구에게도 책잡히지 않을 만한 문장을 쓰기 위해 다음과 같은 원칙을 세웠습니다.

같은 종결어미를 가까이 두지 말 것, 한 문장에 같은 단어를 두 번 쓰지 말 것, '것이다' 많이 쓰지 말 것, 표준국어대사전에 없는 단어는 쓰지 말 것, 아무 데나 쉼표를 찍지 말 것, 어려운 단어 쓰지 말 것, 유행어 쓰지 말 것, 짧은 문장과 긴 문장 적절히 섞어 리듬감을 만들 것, 소리 내어 읽었을 때 목에 걸리는 부분은 부드럽게 바꿀 것 등등.

이렇게 빡빡한 원칙에 따라 글을 썼더니 문장 수준은 점점 높아졌습니다. 하지만 이에 따른 부작용도 있었으니, 스트레스 또한 점점 쌓여갔다는 점입니다.

2021년 7월 18일

아니, 이렇게 블로그에 글을 쓸 때는 손가락에
모터라도 달린 것처럼 아무 말이나 막막 씨불이는데
어째서 돈 받는 원고를 쓸 때에는

손가락에 자물쇠가 채워지기라도 한 것마냥
손가락이 무겁단 말이냐. 이 짓으로 밥 벌어 먹고산 지
꽤 되었음에도, 누군가가 "여태껏 책 몇 권이나
내셨어요" 하고 물으면 '몇 권이더라?
하나, 둘' 하면서 그 수를 헤아려 봐야 할 만큼 경력이
꽤 되었음에도, 어째서 한 치도 나아지지 않는다는
말이냐. 말이냐, 말이냐, 하고 자빠졌지만
난 그 답을 알지. 블로그에 일기를 쓸 때에는
'손가락에 자물쇠가 채워지기라도 한 것마냥 손가락이
무겁단 말이냐'라는 문장이 미숙하다는 걸 알지만
돈 안 받고 쓰니까 그냥 넘기는 거지.
그래서 빨리 쓸 수 있는 거지.
돈 받고 쓸 때에는 '손가락 마디마디에 자물쇠가
채워지기라도 한 것처럼 뜻대로 움직이지 않는다'라고
고심해서 써놓고는 마음에 안 들어서
고치고 또 고치다 보니 빨리 쓰지 못하는 거지.
나는 '마냥'이라고 틀리게 쓰고 싶은데 '처럼'이라고
바르게 쓰고 있는 스스로가 싫은 거지.
표준국어대사전의 노예가 된 내가 너무너무 짜증 나는
거지. 한 문장 안에서 같은 단어를 두 번 쓰면
안 된다는 원칙에 사로잡힌 내가 진짜 진짜 싫은 거지.
어휴, 지겨운 이놈의 병! 어우, 망할 불치병!

이렇게 다 써놓고 맞춤법 검사기를 돌려보는
내가 너무 징그러워. 틀린 거 고쳤으면 됐지,
제대로 고쳤나 또 돌려본다, 또!

글쓰기에 스트레스를 받다 보니 일기를 쓰는 일조차 기피하게 되었습니다. 하루 종일 불 앞에 서서 음식을 만들던 요리사가 저녁으로 배달 음식을 시켜 먹듯, 온종일 문장과 씨름한 후 집으로 돌아오면 단 한 글자도 읽거나 쓰지 않았지요. 그렇게 돈 받고 쓰는 글만 겨우겨우 써내던 어느 날이었습니다. 어렵사리 완성한 원고를 전송하기 전, 실수한 부분은 없는지 맞춤법 검사기를 돌려보았는데요. 단 한 번도 의심해 본 적 없는 '얼레리꼴레리'라는 단어가 빨갛게 물들어 있었습니다. 저를 더욱 놀라게 한 건 '알나리깔나리'가 바른말이니 고쳐 쓰라는 해설이었지요. '표준국어대사전에 없는 단어를 쓰지 말 것'이라는 원칙을 따른다면 수정하는 게 마땅했습니다. 하지만 "알나리깔나리, 주윤이는, ○○이를, 좋아한대요, 좋아한대요" 하며 상대방을 놀리는 사람이 어디 있단 말입니까. 깊이 고민하던 저는 은근슬쩍 원칙을 추가하기로 했지요. '때로는 내가 세운 모든 원칙을 무시할 것.'

2023년 8월 19일

블로그에 글을 쓰는 이 느낌이 좋다.
오늘따라 키보드는 왜 이리도 쫀득해.
무엇도 신경 쓸 것 없이 내 마음 가는 대로 쓰는 글.
단어의 의미를 생각하지 않는 글.
수정할 필요 없는 글.
전달력을 생각하지 않아도 되는 글.
굳이 하고 싶은 말이 없어도 그냥 아무 소리나 하는 글.
나는 글을 사랑하는데, 말장난도 좋아하는데,
흘러나오는 음악에 몸을 맡기고 되는대로 춤을 추는
사람처럼, 내 손가락도 자유로이 춤을 추는데,
이렇게 마침표를 찍지 않고 끝도 없이 흘러가는데,
나는 이 글을 밤새워 쓸 수 있을 것만 같은데.

사람들은 글쓰기를 어려워합니다. 네, 맞습니다. 제가 직접 써보니 무지막지하게 어렵더군요. 맞춤법을 틀리지 않고, 주어와 서술어의 호응을 바르게 하며, 문맥에 맞는 어휘를 선별해 전달력 높은 글을 쓴다는 건 정말이지 쉬운 일이 아닙니다. 그런데 여러분, 지금 우리가 하려는 건 '글쓰기'가 아니라 '일기 쓰기'라는 사실, 잊지 않으셨지요? 일기는 다른 사람에게 보여줄 필요도, 평가받을 필요도 없

춤추라,
아무도 바라보고 있지 않은 것처럼.

노래하라,
아무도 듣고 있지 않은 것처럼.

써라,
아무도 읽고 있지 않은 것처럼!

습니다. 이 말인즉, 내 안에서 뿜어져 나오는 폭발적인 이야기를 문법이라는 틀 안에 가둘 필요가 없다는 이야기입니다. 그 누구의 눈치도 보지 않고 막춤을 추듯, 잘 써야 한다는 부담감은 내려놓고 '막글'을 써보세요.

알프레드 디 수자는 이렇게 말했습니다.

"춤추라, 아무도 바라보고 있지 않은 것처럼. 노래하라, 아무도 듣고 있지 않은 것처럼."

저도 여기에 한 문장을 덧붙이고 싶습니다.

써라, 아무도 읽고 있지 않은 것처럼!

위기를 글로 건너는 법

오랫동안 만나 온 남자가 있었습니다. 그는 키도 작고 돈도 없으며 직업도 변변치 않았지요. 그가 가진 거라곤 남아도는 시간과 유머 감각뿐이었는데요. 결혼 시장에서는 철저히 외면받을 조건이었지만 저에게는 만점짜리 남자였습니다. 저는 재미있는 걸 세상에서 제일 좋아하는 사람이기 때문입니다. 그런 그가 양다리를 걸쳤습니다. 다리도 짧은 게 양다리를 걸치다니, 기가 찼습니다. 그 사실을 처음 알았을 때는 덤덤했는데, 시간이 조금 지나자 '이 자식을 죽이고 감옥에 갈까' 하는 분노가 치밀어 올랐고, 결국에는 그를 용서하게 되었습니다. 저는 재미있는 걸 세상에서 제일 좋아하는, 정말이지 바보 같은 사람이기 때문입니다.

그로부터 꼭 1년 후, 그의 양다리 행각은 또다시 발각되었습니다. 지구상에 존재하는 모든 개가 사랑스러운 이유는, 인간이 제 버릇을 개에게 못 주기 때문이라는 사실을 그제야 뼈저리게 실감했지요. 그런 인간과는 헤어지는 것이 마땅했습니다. 친구는 쓰레기만도 못한 놈과 헤어진 것을 축하한다며 그와 이별한 날을 '이별 기념일'로 삼고 매년 파티를 벌여야 한다고 말했지요. 저는 친구의 말에 신명 나게 맞장구치며 그 인간의 험담을 늘어놓았습니다. 친구를 만날 때마다 그의 험담을 늘어놓고, 늘어놓고, 또 늘어놓아도 가슴이 시원해지지 않았습니다. 오히려, 아무런 영양가 없는 이야기를 반복하는 제 모습이 별로라고 느껴질 뿐이었지요.

그와 헤어지고 나니 아침 시간이 텅 비어버렸습니다. 매일 아침 그와 함께 요가원에서 수련을 했었거든요. 수련을 마치고 나면 점심을 먹고 커피를 마신 후 각자의 위치로 돌아가 제 할 일을 하는 것이 우리의 일상이었지요. 이제 와 생각해 보니, 제가 열심히 일할 동안 그 자식은 딴 여자를 만나고 있었겠네요. 각설하고, 그 시간에 일을 하면 좋았을 텐데요. 제아무리 냉혈한이라도 어디 그게 쉽겠습니까. 제가 할 수 있는 일이라고는 카페 구석진 자리에 앉아 철철 우는 것뿐이었습니다. 친구가 곁에 있었다면 붙잡고 울었겠지만 저는 혼자였기에 펜을 잡았습니다. 그러고는 업무용 수첩 뒤편에다 일기를 쓰기 시작했지요.

2025년 1월 12일

세월의 흐름에 따라 물건이 낡아가는 것처럼
사람도 낡아간다. 애지중지 닦은 물건은
시간이 지날수록 깊어지고 빛을 발하듯 자신을
잘 다스린 사람은 멋지게 나이 들어갈 것이다.
하지만 사람은 물건과 달리 한자리에 오도카니 있을 수
없는 연유로 이리 부딪히고 저리 부딪히며
상처 입기 마련. 그 상처를 회복하지 않으면 영락없는
고물이 되어버리는 건 아닐까 싶다. 그래서 정신이
망가지거나 세상을 뜨는 사람도 생기는 것일 테고.
내가 입은 상처의 깊이는 어느 정도일까.
과연 회복할 수 있을까.

실로 오래간만에 쓰는 자발적인 일기였습니다. 일기를 다듬어 에세이로 만든 뒤 신문에 게재하는 일을 오래 하다 보니 돈을 주지 않으면 일기를 쓰지 않는 몹쓸 몸이 되어버렸거든요. 블로그에 단상을 기록해 두기는 했지만, 에세이의 씨앗이 될 만한 소재를 모아두기 위함이었으니 그것 역시 비자발적인 일기에 가까웠습니다. 그런 제가, 하염없이 일기를 써 내려갔습니다. 그 사람을 욕하기도 했다가, 처량한 신세를 한탄하기도 했다가, 그를 만나 온 긴

긴 세월을 후회하기도 했지요. 자발적인 일기 쓰기는 한 달여간 계속되었고, 부정적인 단어로 점철되었던 일기가 긍정적인 단어로 채워질 무렵 막을 내리게 되었습니다.

2025년 2월 14일

오늘의 기분이 어떤지 나에게 묻는다.
내 대답은 '좋은 쪽에 가깝다'이다. 혼자서 커피를
마시고 책을 읽는 아침에 익숙해졌달까.
참, 나는 원래 이런 일상을 좋아하는 사람이었지.
남자를 만나는 동안 잠시 방탕해졌던 것뿐이다.
커피를 마시며 창밖을 멍하니 바라보는데 머릿속에
'시련'이라는 단어가 스쳤다. 시련이란 무엇일까.
국어사전을 찾아보니 두 가지 뜻이 있었다.
첫 번째 뜻은 '겪기 어려운 단련이나 고비'이고,
두 번째 뜻은 '의지나 사람됨을 시험하여 봄'이라고
한다. 알고 보니 시련은 '시험할 시試' 자를 쓴단다.
하늘이 나를 시험하려고 시련을 주었나 보다.
시련을 이겨냈으니 이제 도약할 일만 남았다.

돌이켜보니, 이 정도의 시련은 일기를 쓰며 여러 번 이겨냈습니다. 대학에 떨어졌을 때, 첫사랑과 헤어졌을

어차피 치러야 할 시험이라면
더는 회피하지 말고
한 줄 한 줄 풀어나가 보세요.

때, 일이 적성에 맞지 않아 퇴사를 고민했을 때, 부모님의 강요로 소도둑놈처럼 생긴 남자와 선을 봤을 때, 오래된 친구와 사이가 틀어지고 저축해 둔 돈이 다 떨어졌을 때에도 일기를 썼지요. 글쓰기를 좋아하기 때문이라고 막연하게 생각해 왔는데 이제야 그 이유를 알게 되었습니다. 하늘이 나에게 준 시험 문제를 펜을 들고 진득하게 풀어나갔던 것이지요. 그렇게 쓰인 일기가 저만의 인생 해법이 되어준 것은 아닐까요. 그 해법 덕에 비슷한 시련을 마주했을 때 조금 더 빨리 헤어 나올 수 있었던 것은 아닐까요. 그리하여 전보다 성숙한 내가 된 것은 아닌지, 미루어 짐작해 봅니다.

혹시, 극복하기 어려운 시련의 한가운데에 서 계시나요? 맛있는 음식을 먹고, 훌쩍 여행을 떠나고, 가까운 사람에게 한풀이를 해 보아도 속이 시원해지지 않으시나요? 그렇다면 시험 문제를 풀 듯, 일기를 써보기를 권해드립니다. 시험이라고 해서 어렵게 생각하실 것 하나 없습니다. 비속어를 써도 괜찮고 했던 이야기를 거듭해도 좋으니 떠오르는 생각을 자유롭게 써 내려가시면 됩니다. 하늘이 우리에게 바라는 건, 이 위기에서 저마다의 방법으로 탈출해 더욱 단단한 사람이 되는 것이지 기가 막히게 멋진 정답은 아닐 테니까요. 어차피 치러야 할 시험이라면 더는 회피하지 말고 한 줄 한 줄 풀어나가 보세요.

3장

21일간의 일기 완주 프로젝트

1주 차

다시, 일기 앞에 앉다

일기장 앞에서 망설이는 당신에게

하고 싶은 일은 없었지만 대학에는 가야 한다고 해서 그래픽 디자인과에 진학했습니다. 시각 디자인을 전공한 큰언니의 영향이었지요. 하지만 저는 디자인 감각이라고는 눈곱만큼도 없는 인간이었습니다. 포스터를 디자인하려고 모니터에 새하얀 창을 띄우면 머릿속도 덩달아 하얘졌지요. 교수님은 텅 빈 모니터 앞에 앉아 죽상을 하고 있는 저를 격려해 주셨습니다.

"주윤이는 주윤이의 실력 안에서 커뮤니케이션하면 되는 거야. 어려운 건 포스터가 아니라 어렵다고 생각하는 너 자신의 생각일지도 몰라. 우리는 대단한 광고도, 대단한 디자인도, 대단한 테크닉을 보여주지 못해도 괜찮아. 누군가와 커뮤니케이션하면 되는 거란다. 우리만의 감각으로."

그로부터 20여 년이 지났습니다. 전생에 무슨 죄를 지었는지는 몰라도 텅 빈 모니터 앞에 앉아 괴로워해야 하는 것이 제 업보인 모양입니다. 일기장을 펼치는 가장 쉬운 방법을 뭐라고 설명해야 할지 몰라 몇 시간 동안 골머리를 싸맸거든요. 생각해 보세요. 일기장을 펼치는 방법이랄 게, 과연 있겠습니까? 그냥 펼치면 되는 것이지요. 그래도 명색이 작가로서 이런 말을 할 수는 없으니 고민이 될 수밖에요. 그때, 교수님의 말씀이 머릿속을 스쳤습니다.

'대단한 테크닉을 보여주지 못해도 괜찮다. 독자와 커뮤니케이션하면 된다. 나만의 감각으로.'

그래, 뭘 있어 보이려고 하는 거야. 머릿속에 든 생각을 꾸밈없이 얘기해. 여러분, 그냥 펼치세요!

압니다. 일기라고는 초등학생 때 숙제로 썼던 것이 마지막이지요? 막상 써보려고 하니 무슨 이야기를 꺼내놓아야 할지 막막하실 겁니다. 그런데 여러분, 일기 쓰기는 어려운 일이 아닙니다. 어렵다고 생각하는 여러분의 생각이 어렵게 만들 뿐이지요. 일기는 그날그날 겪은 일이나 생각 따위를 적는 개인의 기록입니다. 이 말인즉, 누군가에게 뽐내려고 쓰는 것이 아니라는 뜻이지요. 그러니 그 누구의 눈치도 보지 말고 여러분 자신과 자유롭게 커뮤니케이션하세요. 어휘가 단순해도 좋고, 문장이 단순해도 괜찮습니다. 아무래도 손이 움직이지 않을 분들을 위해 가상의 인물 '이수진'의 일기를 수록해 둘 테니 참고삼아 시도해 보세요. 여러분만의 감각으로 말입니다.

여러분, 그냥 펼치세요!

1일 차 미션

일기장을 펼친 오늘을 기록해 보세요.

0월 0일 이수진의 일기

개수대에는 저녁을 먹고 난 설거짓거리가 잔뜩,
10분 후 세탁이 끝나면 빨래도 널어야 한다.
게다가 오늘은 샤워하면서 화장실 대청소도 함께 해야 하는
날이다. 인간답게 살아가기 위해서 해내야만 하는 일이
왜 이리도 많을까. 온종일 일을 하고 집으로 돌아왔건만
또다시 집안일을 해야 한다니 한숨이 다 나온다.
그런 와중에 일기를 쓴다. 아주 오래간만에 쓰는 일기이다.
먹고살기 바빠 일기 따위 잊고 산 지 오래다.
특별할 거 하나 없는 나의 일상을 기록할 가치가 있을까.
하지만 시험을 앞두고 딴짓하는 게 제일 재미있는 것처럼,
집안일을 미루고서 일기를 쓰는 지금이 조금 재미있기도
하다.

2일

오늘을 한 단어로 붙잡는 시간

저의 취미는 '국어사전 검색해 보기'입니다. 모르는 단어는 뜻을 알기 위해 찾고, 아는 단어는 뜻을 정확히 파악하고 있는지 확인하려 다시 찾지요. 특히, 한자어를 찾아볼 때는 신이 납니다. 한글 옆에 적힌 한자를 누르면 뜻과 음을 곧바로 확인할 수 있거든요. 그게 어째서 신이 나는 일이냐고요? '한심'은 찰 한寒, 마음 심心 자를 씁니다. 누군가가 한심하게 느껴질 때 마음이 차게 식으면서 정이 떨어지는 그 느낌을 표현한 거겠죠? 단어 한번 기가 막힙니다. 반면 '열심'은 더울 열熱, 마음 심心 자를 쓰지요. 무언가를 열심히 할 때 뜨거워지는 마음을 그대로 담아낸 거구나 싶습니다. 한심과 열심이라니, 너무 재밌지 않나요? 저만 재미있다면 죄송합니다. 하지만 종이 위에 누워 있던 단어가 살아 움직이는 느낌을 받는 건 여러분이나 저나 매한가지일 거라 믿어 의심치 않습니다.

나의 생각이나 상황을 대변할 만한 표현을 찾아보고

싶은데 마땅한 단어가 떠오르지 않을 때도 있습니다. 그럴 때는 챗지피티를 이용합니다. 머릿속을 어지러이 떠다니는 생각이나 현재 느껴지는 복잡다단한 감정, 오늘 일어났던 일 따위를 채팅장에 아무렇게나 써넣은 다음 "이걸 한 단어로 뭐라고 하지?" 하고 물으면 적절한 표현을 추천해 주거든요. 며칠 전에는 챗지피티에 이렇게 물었습니다.

"오늘 할 일이 태산인데 잠을 못 자서 그런지 집중이 안 되네. 그래도 해야만 하니까 궁둥이 붙이고 앉아 있음. 이걸 한 단어로 표현하면? '억지로'는 아님. 내가 하고 싶어서 하는 것임."

그러자 녀석이 이렇게 대답하더군요.

"근근이."

주로 장기간에 걸친 어려운 상황을 표현하고자 할 때 사용하는 단어이기는 하지만, 어디다 제출할 것도 아닌데 무어 어떻습니까. 너무 부정적이지도 않고, 그렇다고 너무 열심인 척하지도 않는 이 단어가 마음에 쏙 들었지요.

2장 「한 문장으로 시작하는 용기」에서 '한 문장 기록법'을 추천했는데요. 한 문장을 끼적이는 일조차 부담스럽게 느껴진다면 한 단어로 시작해 보기를 권해드립니다. 단, 조건이 하나 있습니다. 국어사전을 찾아 그 단어를 더욱 깊이 이해할 것! 한자의 뜻과 음은 물론 사전적 정의도 함께 적어보세요. 생각지도 못했던 삶의 힌트를 얻을 수도 이걸 한 단어로 뭐라고 하지?

있을 테니까요. '제 나름대로 열심히 일하는 부하직원을 한심하게 여기는 내가 너무 냉정한 걸까? 아냐, 한심은 원래 차가울 한寒 자를 쓰잖아. 내가 이상한 게 아니었어!' 하는 식으로 말입니다.

"그래도 그렇지. 한 단어로 쓰는 일기가 어디 있어요?" 하는 소리가 어디선가 들려오는 듯한데요. 모르는 소리! 옛날부터 전해져 내려오는 단어에는 무수한 이야기가 압축되어 있기 마련입니다. 그 유구한 이야기에 스리슬쩍 무임승차해 보자고요.

2일 차 미션

오늘을 대변할 단어를 국어사전에서 찾아보세요.

예문도 써본다면 금상첨화입니다.

0월 0일 이수진의 일기

[단어] 근근이(僅僅이 겨우 근 / 겨우 근)

[정의] 어렵사리 겨우.

[예문] 근근이 일하느라 몸은 피곤했지만 할 일을
다 마쳐서 마음은 편안하다.

날씨처럼 변하는 마음을 쓰다

일을 하다 보면 이메일을 자주 보내게 됩니다. 목적은 분명 일 이야기지만 다짜고짜 본론부터 꺼내면 정이 없지요. 그래서 괜히 이름도 불러 보고, 궁금하지도 않은 안부를 묻고, 상대방 역시 궁금해하지 않을 제 근황도 전한 다음에야 비로소 일 이야기를 꺼냅니다. 시작할 때 그리했으니 마무리도 다정하게 해야 마땅하겠지요? 그럴 때 써먹기 좋은 것이 바로 날씨 이야기입니다. "하루하루 정신없으시겠지만 그럼에도 화창한 하늘을 만끽하시길 바랍니다"라든지, "무더위에 지치지 않도록 시원한 곳에서 쉬엄쉬엄 일하세요"라든지, "추운 날씨에 감기 걸리지 않도록 유의하세요" 하고 말하면 다정한 사람 코스프레가 가능하답니다.

변화무쌍한 마음을 표현하려 할 때도 날씨는 유용하게 쓰입니다. 날씨도 우리 마음처럼 하루하루가 다르니까요. 매일 아침 일기日氣 예보를 확인하듯 내 마음의 날씨

Words for Weather

분노 · 짜증	놀람 · 당황	기쁨 · 긍정	슬픔 · 상처	두려움 · 불안	사랑 · 애정
폭염	소나기	맑은	소슬바람	태풍	함박눈
무더위	우박	화창한	이슬비	폭우	봄비
열대야	벼락	청명한	가랑비	강풍	산들바람
찜통더위	천둥	쾌청한	보슬비	폭풍우	단비
불볕더위	번개	봄바람	안개비	안개	실바람
뙤약볕	돌풍	무지개	장마	해무	미풍
황사	여우비	선선한	먹구름	폭설	온풍
미세먼지	싸락눈	온화한	진눈깨비	풍랑	잔바람
가뭄	낙뢰	시원한	찬비	한파	포근한
건조한	폭풍	상쾌한	쌀쌀한	눈보라	따뜻한

마음에 먹구름이 꼈다.

구름 한 점 없는 하늘처럼 기분이 맑다.

를 면밀히 관찰해 일기日記를 적어보세요. 물론 '마음이 무겁다'라든지 '기분이 상쾌하다'처럼 단도직입적인 표현을 써도 좋습니다. 그럼에도 '마음에 먹구름이 꼈다'라든지 '구름 한 점 없는 하늘처럼 기분이 맑다'와 같은 표현을 권해드리는 이유는, 앞서 말씀드렸던 '톰 히들스턴'의 이야기를 직접 체험해 볼 수 있기 때문입니다. 그는 이렇게 말했지요. 부정적인 감정은 구름처럼 지나간다고요. 날씨에 빗대어 마음을 표현하다 보면 감정에 일희일비하지 않는 자세를 배울 수 있으리라 저는 믿습니다.

문제가 있다면, 우리가 날씨와 관련된 어휘를 그다지 다양하게 사용하지 않는다는 점입니다. "날씨 좋다!" "날씨가 왜 이렇게 구려?" "어휴, 더워!" "어휴, 추워!" 네 가지 표현으로 365일을 돌려막는 사람이 저뿐만은 아니겠지요. 좋다거나 구리다는 단순한 어휘 대신, 따사롭다거나 음산하다거나 소나기가 내린 뒤에 무지개가 떴다는 말로 여러분의 마음을 다채롭게 표현해 보세요. 그렇다면 그 안에서 생명이 순환하고 성장이 일어날 테니까요. 이전 페이지에 날씨와 관련된 어휘를 정리해 두었으니 어렵지 않게 실천하실 수 있겠지요? 이메일을 보낼 때도 골라 쓸 수 있으니 꿩도 먹고 알도 먹을 수 있겠네요.

3일 차 미션

오늘의 마음 일기日氣를 기록해 보세요.

0월 0일 이수진의 일기

연휴에 태풍이 몰려온단다. 뉴스에서는 외출을 자제하라고 난리다. 사람들은 모처럼 계획한 나들이가 엉망이 됐다며 울상을 지었지만 나와는 상관없는 이야기다.
어차피 만날 사람도, 갈 곳도 없기 때문이다.
긴긴 연휴를 외로이 보내야 한다는 생각에 마음이 잿빛 하늘처럼 흐렸었는데, 모두가 집을 지킨다고 생각하니 한 줄기 햇살이 비치는 기분이다. 빗방울이 벌써 떨어지기 시작했다. 부슬부슬 내리는 비에 헤실헤실 웃음이 난다.
하여튼 나도 참 못 말려. 이게 웬 놀부 심보람.
하지만 한 번 사는 세상, 흥부처럼 사는 것보다야 놀부처럼 사는 게 낫지 무얼.

사소한 것을 기록하는 용기

저는 일기를 쓰며 글쓰기에 흥미를 느끼기 시작했습니다. 궁금한 부분은 작법서로 해결했고 학원에 다니면서 실력을 다졌지요. 그래서인지 작법서를 추천해 달라는 질문을 종종 받곤 합니다. 에, 그러니까 작법서를 딱 한 권만 추천하라면… 못 해요. 그냥 죄다 읽으십시오. 그래도 가장 도움이 되었던 내용이 무엇이냐고 묻는다면 그건 자신 있게 말할 수 있습니다. 이태준의 『문장강화』에 나오는 구절인데요. 씨앗에서 싹이 트고 가지가 뻗고 꽃이 피어나듯 '귀뚜라미'라는 제목에서 가을을 향해 번져 나가는 글을 써야지, '가을'이라 제목을 붙여 놓고서는 귀뚜라미로 졸아드는 글을 써서는 아니 된다고 이태준 선생님은 말씀하셨습니다. 쉽게 말해, 허풍 떨지 말라는 이야기지요.

글뿐만이 아니라 일기를 쓸 때조차 '가을! 가을! 가으으으을!'처럼 거창한 내용을 담아야 한다고 생각하는 분들이 많습니다. '귀뚜라미' 같은 사소한 일은 기록할 가치가

위대한 발견은 작은 관찰에서
시작되기 마련입니다.

없다고 여기기 때문일 텐데요. 가만히 생각해 보세요. 위대한 발견은 작은 관찰에서 시작되기 마련입니다. 뉴턴은 사과가 나무에서 떨어지는 광경을 보고 '만유인력의 법칙'을 완성했습니다. 모네는 물 위에 반사된 빛이 시시각각 만들어 내는 색채에 매료되어 '인상주의'라는 새로운 미술 사조를 열었지요. 어디 이뿐일까요? 세종대왕 역시 입 모양과 혀의 움직임을 관찰한 끝에 그 형상을 본떠 한글을 창제하지 않았겠습니까.

나를 둘러싼 환경은 벽지처럼 익숙해 그냥 지나치기 십상입니다. 하지만 뉴턴과 모네 그리고 세종대왕을 떠올리며 주변에서 일어나는 작은 현상을 조금 더 세심하게 관찰하고 기록해 보세요. 그렇게 한 줄, 한 줄 써 나아가다 보면 어느 순간, 여러분이 미처 예상치 못한 결론에 다다를지도 모릅니다. 나뭇잎이 바람결에 하나하나 움직이는 모습, 요가원에서 매일 마주치는 사람의 손가락에 새로 끼워진 반지, 어제보다 조금 더 일찍 찾아온 어둠이라든지 지인의 미간에 난 왕 여드름을 주제로 삼아도 좋습니다. 다른 건 다 그렇다 치고, 미간에 난 왕 여드름으로 무슨 일기를 써야 할지 모르시겠다고요? 왜요. '여드름'이라는 제목에서 시작한 글이 '부처'로 번져 나갈지도 모르잖아요.

4일 차 미션

크게 번져 나가지 않아도 좋으니
사소한 관찰을 기록해 보세요.

0월 0일 이수진의 일기

형부의 미간에 왕 여드름이 났다. 학창 시절 내내 여드름 한 번 나본 적 없던 형부의 백옥 같은 피부에 성인 여드름이라니. 그건 아마, 우리 언니랑 같이 사느라 마음고생을 많이 한 탓이겠지. 빨래를 하기를 해, 청소를 하기를 해, 걸핏하면 늦게 들어오는 걸로도 모자라 큰소리까지 뻥뻥 쳐. 언니는 다른 남자와 결혼했으면 진작에 이혼당했을 것이다. 어쩌면 형부의 미간에 난 여드름은 '성인成人 여드름'이 아니라 '성인聖人 여드름'이 아닐까. 미간에 왕 여드름이 난 채 힘없이 웃는 형부의 얼굴 위로 부처의 모습이 겹쳐 보였다.
아무래도 형부는 해탈의 경지에 다다랐나 보다.

5일

망쳐도 괜찮은 오늘의 일기

작가는 이야기를 팔아 먹고사는 존재입니다. 이 말인즉, 자신의 주변에서 일어나는 모든 일이 글감이 된다는 이야기지요. 첫사랑의 앞니 실종 사건에서부터 형부 미간에 난 여드름까지, 글감이 되지 못하는 일은 없습니다. 다만 솔직하게 고백하자면, 첫사랑의 앞니 이야기를 쓰기까지는 많은 고민이 뒤따랐습니다. '어찌어찌하다가 앞니가 빠졌는데 피치 못할 사정으로 치료하지 못하는 사람이 이 글을 읽고 상처받지 않을까?' 하는 생각에서였지요. 갈등을 거듭한 끝에 그 이야기를 쓰기로 마음먹은 건, 앞니로 말미암아 가치 있는 이야기를 전달할 수 있으리라 믿었기 때문입니다. 앞니 가지고 이다지도 고민하는 제 모습이 우스워 보일 수도 있겠습니다만 글쓰기를 업으로 하는 자의 숙명일 테지요.

하지만 일기를 쓸 때만큼은 자유롭습니다. 내 일기의 독자는 오로지 나 하나뿐이니까요. 첫사랑 앞니 실종 사건

스스로를 향한 엄격한 잣대를 내려놓고
있는 힘껏 망한 일기를 써보세요.

은 물론, 만원 버스 안에서 벌어진 방귀 오발 사건까지도 마음껏 쏟아낼 수 있습니다. 아무리 이상한 이야기를 늘어놓아도 손가락질할 사람은 없으니까요. 문법이나 맞춤법, 글의 맥락을 신경 쓸 필요가 없음은 더 말할 것도 없고요. 그런데 이따금, 이러한 자유를 방해하는 사람이 나타나곤 합니다. 그건 다름 아닌 나 자신이지요. 네 나이가 몇인데 이런 유치한 일기를 쓰고 있니, 문법도 법인데 지켜야 하지 않겠니, 아무리 읽는 사람이 없다고 해도 최소한 앞뒤가 맞는 소리를 해야 하지 않겠니, 하며 자기 검열에 들어가는 것이지요.

이제 막 일기를 쓰기 시작한 여러분도 이 못 말리는 훼방꾼을 이미 한 번쯤은 만나지 않으셨을까 싶습니다. 이왕 쓰기 시작한 거, 잘 쓴 일기를 차곡차곡 쌓아 나가고 싶으실 테니까요. 하지만 일기를 쓰는 순간마저 자유를 누리지 못한다면 대관절 우리는 어디에서 해방감을 느껴야 한단 말입니까. 우리는 학교에서, 직장에서, 심지어 가정에서조차 올바른 행실을 보이며 살아왔습니다. 아니라고는 말씀하지 마십시오. 그러지 않았다면 여러분은 이 책을 방이 아닌 빵에서 읽고 계실 것입니다. 이제는 스스로를 향한 엄격한 잣대를 내려놓고 있는 힘껏 망한 일기를 써보세요. 아무리 망한 일기를 쓴다 해도 여러분은 절대로 망하지 않으니까요.

5일 차 미션

망해도 좋으니 아무렇게나 써보세요.

0월 0일 이수진의 일기

점심에 업체 사람이랑 장어덮밥을 먹었다.
남이 사주는 비싼 음식 최고야. 짜릿해. 매일매일 이렇게
맛있는 음식을 먹을 수 있다면 얼마나 좋을까.
큰일이여, 이거 아주. 나이 들수록 입만 고급이 돼, 이거.
예전에는 아무거나 먹어도 맛있었는데 이제는 푸드코트에서
파는 차돌된장찌개 같은 걸 먹으면 막 화가 난다.
분명 차돌이 아닌 것 같은데 차돌이라고 하면 화가 나,
안 나. 싼 음식 먹고 싸구려 맛 난다고 화를 내니까
삼겹살 먹으면서 돼지 냄새 난다고 짜증 내는 사람 같네.
내가 제일 싫어하는 사람인디…ㅋ 쓸데없이 화내지 말고
돈을 많이 벌자. 그 돈으로 비싸고 맛있는 음식을 사 먹자.
아, 장어. 장어 또 먹고 싶어. (*´ ﹃`)

나만의 방식으로 감사를 쓰다

감사 일기를 쓰면 좋다는 이야기가 여기저기에서 들려옵니다. 긍정적인 태도가 형성되는 것은 물론이고, 스트레스가 줄어들며 소화 작용이 촉진되고 빨라진 심장 박동도 안정이 된다고 하지요. 그러니 감사한 일이 없더라도 감사할 만한 것을 찾아 기록해 보라고 합니다. 불면증 때문에 밤을 꼬박 새웠지만 몸을 누일 수 있는 집이 있으니 감사, 출근하다 넘어져 무릎이 깨졌지만 머리가 깨지지 않았으니 감사, 일거리가 많아 한 달째 야근 중이지만 그래도 할 일이 있으니 감사 또 감사, 하는 식으로 말이지요. 솔직히 말하자면, 저는 감사 일기를 써본 적이 없습니다. 별로 감사하지도 않은데 억지로 감사하다고 말하는 게 영 탐탁지 않았기 때문입니다.

이런 제 생각은 어느 배우의 인터뷰를 읽은 후 바뀌게 되었습니다. 그는 데뷔 초부터 감사 일기를 써 왔다고 합니다. 운이 좋게도 자신의 능력보다 더 큰 일을 맡을 기회

‘진심으로 감사’하게 느껴지는 일을
‘간직할 목적’으로 일기를 쓴다면
나도 할 수 있겠다는 생각이 들었습니다.

가 많았던 그는 그때마다 느꼈던 감사한 마음을 간직하고 싶어 일기를 쓰기 시작했다고 해요. '진심으로 감사'하게 느껴지는 일을 '간직할 목적'으로 일기를 쓴다면 나도 할 수 있겠다는 생각이 들었습니다. 아니, 그동안 저도 모르게 해 온 것도 같았습니다. 저를 위해 보이차를 선물하려고 중국에서부터 가방에 고이고이 넣어 온 친구에 대한 고마움, 문화의 불모지 마곡역에 터를 잡아준 교보문고 마곡점에 대한 감사함, 쫓아다니는 왕자 하나 없는 저를 언제나 공주처럼 대해 주는 조카를 향한 감격스러움 따위를 일기장에 적어두고 있었거든요.

감사한 순간을 일기장에 붙잡아 둔다고 해서 제가 더 나은 사람이 되었는지는 잘 모르겠습니다. 다만, 저를 둘러싼 환경의 소중함을 원할 때마다 꺼내 떠올릴 수 있으니 든든한 자산을 쌓아두었다는 기분은 듭니다. 여러분은 전자와 후자 중 어느 쪽이 더 마음에 드시나요? 전자가 마음에 든다면 감사한 일 다섯 가지를 매일매일 짧은 문장으로 기록해 보세요. 반대로 감사한 일을 억지로 만들어 내는 건 싫다! 하루도 거르지 않고 써야 한다는 강박에 사로잡히고 싶지 않다! 진심으로 감사한 일을 이따금 서술하는 게 나랑 더 맞는다! 하는 생각이 든다면 후자를 택하셔도 좋습니다. 어느 쪽이든 상관없으니 한번 시도해 주시면 감사하겠습니다. 억지 감사 아닙니다. 진심입니다.

6일 차 미션

감사한 순간을 일기장에 간직해 보세요.

0월 0일　이수진의 일기

[전자]

1. 늦잠을 안 자서 감사
2. 따뜻한 물로 씻을 수 있어서 감사
3. 버스에 빈자리가 있어서 감사
4. 외근인데 비가 안 와서 감사
5. 휴대폰을 떨어뜨렸는데 멀쩡해서 감사

[후자]

직장 동료에게 줄 선물을 사러 현대백화점에 갔다.
11월 중순도 되지 않았는데 벌써 크리스마스 분위기다.
멀리에서 은은하게 들려오는 캐럴에 가슴이 뭉근하게
따스해졌다. 세상에 태어나지 않았더라면 캐럴 같은 건
들어보지도 못했을 텐데. 살아 있음에 감사.
예쁜 크리스마스트리를 만들어 준 현대백화점에도 감사.

7일

스스로에게 건네는 첫 번째 칭찬

신문에 에세이를 처음 연재하던 때를 떠올려 봅니다. 200자 원고지 여덟 매 분량의 글을 쓰는 데 꼬박 일주일이 걸렸지요. 사흘은 무엇을 쓸지 고민하고, 나머지 나흘 동안에는 '기승전결'을 각각 한 문단씩 공들여 써 내려갔습니다. 특히, 마감 전날에는 밤을 꼬박 새우며 퇴고에 퇴고를 거듭했지요. 원고를 가까스로 넘기고 나면 쓰러지듯 잠이 들곤 했습니다. 그렇게 한참을 자고 일어난 후에는 고생한 나 자신에게 포상이라도 하듯 샤부샤부 뷔페로 향했지요. 고기며 새우며 알배추에 팽이버섯까지, 따끈한 육수에 퐁당 빠뜨려 야무지게 배를 채웠습니다. '작가는 굶어 죽기 딱 좋은 직업이라는데 글 써서 번 돈으로 이렇게 맛있는 걸 사 먹는 나, 좀 기특한 것 같기도?' 하는 칭찬도 잊지 않았고요.

안타깝게도, 부른 배는 금방 꺼지고 마감일은 금세 다가왔습니다. 블로그에 내킬 때만 일기를 쓰던 제가, 격주로

그동안 고생한 여러분에게
충분한 포상을 해주세요.

원고를 마감하려니 죽을 맛이 따로 없더군요. 그럴 때마다 저는 샤부샤부를 떠올렸습니다. 마감을 치른 후 샤부샤부를 먹고야 말겠다는 일념으로 원고를 써 내려가다 보면 죽이 되든 밥이 되든 완성은 되었습니다. 그렇게 한 달에 두 번꼴로 샤부샤부 뷔페를 찾다가, 어느새 두 달에 한 번, 서너 달에 한 번으로 방문 횟수가 줄어들기 시작했지요. 이제는 마감과 상관없이 샤부샤부가 당길 때만 뷔페에 갑니다. 샤부샤부를 너무 많이 먹어 질렸냐고요? 그 맛있는 음식이 질릴 리가 있겠습니까. 그저, 쓰는 일이 몸에 배다 보니 별다른 포상 없이도 자연스레 글을 쓰게 되었을 뿐입니다.

이처럼 어떤 일에 익숙해지기까지는 수없는 반복이 필요합니다. 이 지루한 반복을 거듭하는 건 생각보다 어려운 일이지요. 엿새 동안 미션을 수행하며 느끼셨겠지만 일기를 꾸준히 쓰는 일 역시 쉽지만은 않습니다. 이러한 이유로 일기 쓰기에 흥미를 잃었던 분도, 쓰기 싫은 일기를 억지로 써 왔던 분도, 일기에서 멀어졌다가 오래간만에 이 페이지를 펼친 분도 계실 겁니다. 그동안 고생한 여러분에게 충분한 포상을 해주세요. 그래야 다음 포상을 고대하며 일기 쓰기를 이어 나갈 수 있을 테니까요. 샤부샤부도 좋고, 마라탕도 좋고, 떡볶이에 튀김도 좋으니 오늘만큼은 마음껏 드세요. 잠깐! 먹기 전에 일기는 쓰셔야지요! 스스로를 칭찬하는 일기를 쓰며 자화자찬해 봅시다.

7일 차 미션

꾸준히 일기를 써 온 스스로를 칭찬해 보세요.

0월 0일 이수진의 일기

오늘로써 일기를 쓴 지 일주일이 되었다.
3일 차가 되던 날에 회식이 잡히는 바람에 하루 건너뛰긴
했지만 이 정도 게으름은 그냥 눈 감아 주련다.
죽고 사는 문제도 아닌데 엄격할 필요 무어 있단 말인가.
그동안 인생을 살아오며 꾸준히 해 온 일이라고는 숨쉬기,
잠자기, 삼시 세끼 챙겨 먹기밖에 없었는데.
누가 시키지도 않은 일기를 일주일이나 쓴 내가
신통방통하다. 일기 쓰기도 일주일을 지속했으니,
그동안 손 놓고 있던 운동이나 영어 공부도 다시 시작할 수
있지 않을까. 내 일기를 검사하는 선생님이 있다면
칭찬 도장을 찍어주실 텐데. 아쉬운 대로 글자 도장을
스스로 찍어 본다. 참 잘했어요!

2주 차

나를 들여다보고,
관계를 기록하다

아무에게도 하지 못한 말을 쓰는 밤

아주 오래전, 영화를 제작한다는 아저씨를 만난 적이 있습니다. 그는 저에게 시나리오를 써볼 생각이 있느냐 물었지요. 누가 봐도 놈팡이 같은 그의 제안을 기쁘게 받아들인 이유는 그 시절의 제가 맹꽁이였기 때문입니다. 좌우지간 신이 난 저는 습작으로 써두었던 소설의 줄거리를 줄줄 읊었습니다.

"기구한 삶을 살던 여자가 아이를 낳았는데 그 아이가 자라서 자기랑 똑같은 삶을 살…"

그런데 그는 제 말을 중간에서 딱 잘라버리더군요.

"누가 돈 내고 그런 우중충한 얘기를 보고 싶겠어요. 이왕이면 웃고 싶지."

아니, 이게 웬 황당한 소리야? 저도 〈시실리 2km〉를 최애 영화로 꼽을 만큼 코미디에 죽고 코미디에 사는 사람이지만 세상에 웃긴 영화만 존재하란 법이 어디 있습니까.

놈팡이와 맹꽁이가 하려던 일은 그렇게 흐지부지되었

습니다. 시간은 흐르고 흘러 이제는 제가 그 아저씨만큼 나이를 먹게 되었네요. 그런데 아줌마가 된 지금에서야 그 때 그 아저씨의 말에 고개가 끄덕여집니다. 〈그것이 알고 싶다〉와 〈나는 솔로〉 중 하나만 볼 수 있다면, 〈희재〉와 〈미소 천사〉 중 하나만 들을 수 있다면, '앓는 소리가 입에 밴 사람'과 '시종일관 농담 따먹기만 하는 사람' 중 한 명만 만날 수 있다면, 저는 모두 후자를 택하겠습니다. 아저씨의 말대로 이왕이면 웃고 싶기 때문입니다. 이런 선택을 하는 사람이 저뿐만은 아니겠지요. 그래서 저 역시, 읽었을 때 웃음이 나는 글을 쓰려 하고 누군가를 만날 때도 되도록 즐거운 대화를 나누려 애를 씁니다.

조금은 서글프지만 이것이 바로 어른의 삶이 아닐까 싶습니다. 이렇게라도 웃지 않으면 사는 일이 너무나 고달플 테니까요. 하지만 이따금, 눈물 콧물 짜면서 서로의 아픔을 나누던 철없던 시절이 그리워지기도 합니다. 아픔을 나눈 만큼 관계가 깊어지는 경험을 해 보셨다면 제가 느끼는 그리움이 무엇인지 아실 테지요. 불행 중 다행인 건 우리에게는 영원히 나이 들지 않는 친구, 일기장이 있다는 사실입니다. 백지처럼 순수한 이 친구는 어떠한 이야기든 받아들일 준비가 되어 있습니다. 같은 이야기를 골백번 반복해도 지겹다며 절교를 선언하지도 않습니다. 심지어는 밤새도록 우중충한 소리를 늘어놓아도 피곤하다며 도망치

우리에게는
영원히 나이 들지 않는 친구,
일기장이 있다.

는 법 역시 없지요. 맞장구를 칠 줄 모른다는 점이 약간 아쉽기는 하지만 아무렴 어떻습니까. 말을 끊는 친구보다는 백번은 나으니까요, 뭐.

8일 차 미션

우중충한 이야기를 일기장과 나눠 보세요.

0월 0일 이수진의 일기

아빠의 아빠는 아빠가 아주 어렸을 때 돌아가셨다.
그래서 아빠는 아빠가 뭔 줄 모른다. 아빠가 뭔 줄도 모르는
사람이 아빠가 되어 자식들을 키웠으니 오죽 서툴렀겠는가.
예민한 성격을 주체하지 못해 걸핏하면 화를 내고,
지나친 책임감 때문에 가족을 필요 이상으로 통제하고,
힘든 일이 있으면 술을 마시고, 좋은 일이 있어도
술을 마시고. 예전에는 그런 아빠가 원망스러웠지만
이제는 좀 불쌍하다. 아빠의 성격을 골고루 물려받은
내 자매들도 불쌍하다. 어차피 태어난 인생,
즐겁게 살아가면 좋으련만. 사는 게 아니라 버틴다고
생각하는 내 가족이 나는 불쌍하다.

변해 가는 나를 발견하는 시간

프리랜서로 일하다 보면 여러 협업자를 만나게 됩니다. 서로에 대해 아는 바가 없기에 마치 소개팅을 하듯 탐색하는 시간을 갖게 되지요. 어디에 사는지, 어떤 음식을 좋아하는지, 여가 시간에 무얼 하는지 물으며 거리를 좁힌 후에는 어김없이 MBTI가 화두에 오르는데요. 제가 대답하기도 전에 저더러 J가 맞느냐 물어오는 때가 많습니다.

"어우, 아니에요. 저 맨날 늦잠 자고 엄청 게으름 부리고 그래요. 다이어리에다가 작업 일정 적어놓고 그거 지키려고 꾸역꾸역 일하기는 하는데요. 그렇게 안 하면 마감이 꼬이니까 그러는 거예요."

"그게 J예요. P들은 그런 걸 안 해요, 아예."

J가 맞느냐는 질문을 열 번쯤 듣고 나서야 비로소 인정하게 되었습니다. 제가 확신의 J라는 사실을 말입니다.

초등학생도 상대방의 MBTI를 궁금해하는 건 마찬가지입니다. 오늘 오전에는 (다이어리에 미리 적어둔 계획

대로 아침 일찍 일어나 버스를 타고) 어느 초등학교에 강연을 하러 갔는데요. 한 아이가 저의 MBTI를 묻더군요. 이전의 경험을 떠올린 저는 이번에는 망설임 없이 제가 J라는 사실을 당당히 밝혔습니다.

"응, 난 INFJ야."

저의 대답에 깜짝 놀란 아이가 눈을 동그랗게 떴습니다.

"말도 안 돼! E 같은데!"

이번만큼은 양보할 수 없었습니다. 저는 누가 뭐래도 확신의 I이기 때문입니다. 그런데… 그런데 가만히 생각해 보니, 예전 같았으면 사시나무가 되고도 남았을 대규모 강연이었건만 전혀 떨리지 않기는 했습니다. 우르르 몰려와 사인을 요청하는 아이들 앞에서도 기가 빨리기는커녕 에너지를 얻는 기분이 들었고요.

저는 분명 변했습니다. 하지만 제가 변한 줄 미처 몰랐습니다. 저에게 주어진 일을 처리하느라 바빴고, 그 탓에 스스로를 들여다보는 시간을 갖지 못했겠지요. 저를 포함한 많은 사람이 과거의 자신을 현재의 자신과 동일한 인물로 여기며 살아가고 있는 건 아닐까 싶습니다. 그러한 고정관념이 우리의 한계를 미리 정해 버리는 건지도 모르겠습니다. 무엇보다 타인과 어울려 살아가려면 자신에 대해 정확히 아는 것이 우선일 텐데요. 이번 기회에 나의 약

점과 강점은 무엇인지, 좋아하는 것과 싫어하는 것은 무엇인지, 자주 쓰는 앱은 무엇이며 가장 아끼는 물건은 또 무엇인지 적으며 자신을 업데이트해 보면 어떨까요. 예에? 애들처럼 뭐 그런 낯간지러운 걸 적느냐고요? 어우, 님 T죠!

저는 분명 변했습니다.

하지만 제가 변한 줄 미처 몰랐습니다.

9일 차 미션

인터넷에서 백문백답 문항을 찾아 답변을 적으며 현재의 나를 점검해 보세요.

0월 0일 이수진의 일기

1. 내 이름의 뜻 : 이수진. '빼어날 수'에 '참 진'.
   빼어나고 진실된 사람이 되어라.
2. 나의 약점 : 다음 날 중요한 일이 있으면 잠을 못 잔다.
3. 나의 강점 : 하루 종일 앉아 있어도 허리가 아프지 않고
   심심하지도 않다.
4. 좋아하는 것 : 맛있는 거 먹으면서 <나는 솔로> 보기.
5. 싫어하는 것 : 사무실에서 큰소리로 한숨 쉬면서
   일하는 사람.
6. 자주 쓰는 앱 : 유튜브, 인스타그램, 카카오톡,
   네이버 지도.
7. 주량 : 안 마신 지 오래돼서 모르겠음.
   아마 맥주 한 병 마시면 취할 듯.

(자주 듣는 노래, 스트레스 해소법, 사고 싶은 물건,
좋아하는 단어, 제일 친한 친구 등등.)

10일

불안을 글로 꺼내 마주보다

우울해 죽겠다고 징징대는 작은언니에게 이 책의 1장 첫 번째 글인 「쓰는 순간, 뇌는 치유된다」를 미리 공개했습니다.

"연구에 따르면 말이지. 인생에서 가장 힘들었던 경험을 하루에 20분씩 네 번만 쓰면 정신이 건강해진대."

"네, 잘 알겠습니다."

저는 언니의 시큰둥한 반응에 굴하지 않고 설교를 이어 나갔지요.

"아니, 그러지 말고 잘 들어봐. 스트레스를 받으면 그 상황이 감정 덩어리로 머릿속에 남는대. 근데 그걸 글로 적으면서 이야기로 재구성하다 보면 감정을 조절하는 뇌가 활성화돼서 감정을 통제할 수 있게 된다 이거지. 나는 이 말이 일리가 있다고 봐. 나도 효과를 봤다니까?"

"네, 다음 방구석 과학자님."

저에게 누군가를 때릴 수 있는 기회가 주어진다면 저

희 언니의 등짝에 있는 힘껏 스매싱을 날리고 싶은 심정이었습니다. 매가 약이라는 어른들의 말씀도 있지 않습니까, 왜. 하지만 언니가 제 말을 귓등으로 듣지도 않은 데에는 언니 나름의 이유가 있었습니다.

"나라고 일기를 안 써봤겠어? 이십 대 때 이미 다 해봤어. 너처럼 우울한 감정이 조절되는 사람도 있지만 나처럼 조절이 안 되는 사람도 있는 거야."

언니의 말은 틀리지 않았습니다. 일기는 만병통치약이 아니니까요. 그럼에도 계속해서 언니에게 화가 치밀었습니다. 무려 20년 전의 경험을 지금까지 끌고 와, 해 보지도 않고 무조건 안 된다고만 말하는 언니가 답답했기 때문입니다.

아무래도 저 혼자만의 주장으로는 언니를 설득하기가 쉽지 않을 것 같습니다. 여러분이 동참해 일기 쓰기의 효능을 입증해 주시기를 간곡히 호소하는 바입니다. 다음 주제로 넘어가고 싶은 조바심은 잠시 내려두고 하루에 20분씩, 나흘 연속으로, 인생에서 가장 힘들었던 경험을 한번 써보세요. 일주일에 한 번씩 4주에 걸쳐 반복해도 효과는 같다고 하니 마음에 드는 방법을 택하셔도 좋겠습니다. 그 과정에서 여러분을 괴롭히는 불안의 정체가 무엇인지 만날 수 있기를 희망합니다. 더불어, 그 녀석과 원만한 합의를 이끌어 낼 수 있기를 소망합니다. 그럼 이쯤에서 방구

하루에 20분씩, 나흘 연속으로,

인생에서 가장 힘들었던 경험을 한번 써보세요.

석 과학자는 물러나도록 하겠습니다. 일기를 쓰는 20분 동안은 그 무엇의 방해도 받아서는 안 되니까요.

10일 차 미션

‘인생에서 가장 힘들었던 경험’을
20분 동안 멈추지 말고 써 내려가 보세요.

0월 0일 이수진의 일기

아빠의 목소리는 크다. 지금도 큰데 젊었을 때는 오죽했을까. 어리고 여린 나의 고막에 아빠의 목소리는 천둥처럼 내리쳤다. 한 번은 선생님이 할아버지를 모시고 오라고 했다. 나에게만 그랬는지 모든 아이에게 그랬는지는 기억나지 않는다. 아빠에게 그 이야기를 했더니 또다시 천둥이 쳤다. “없는 할아버지를 어떻게 모시고 와!” 아빠는, 돌아가신 당신의 아버지를 모시고 오라는 말이 황당하기 짝이 없었겠지. 아픈 데를 찔렀으니 화가 나기도 할 테고. 하지만 난 선생님이 말씀을 그대로 전달한 것뿐인걸. 학교에 할아버지를 모시고 가지 못한 나는 교실에 앉아 내내 울었다. (이하 생략)

11일

사라지는 대화를 기록으로 남기다

저는 물욕이 없는 편입니다. 옷은 주로 언니들에게 얻어 입고요. 전자기기는 한 번 사면 망가질 때까지 씁니다. 명품 가방은 누가 준다 해도 싫습니다. 출판사에서 사은품으로 받은 에코백이 편하게 들기엔 최고니까요. 그런데 이런 제가 이상하리만치 소유욕을 느끼는 것이 있으니, 그건 바로 어휘입니다.

어휘를 어떻게 소유하느냐고요? 마음에 드는 어휘를 발견하면 다짜고짜 내 거라고 주장하면 됩니다. 미국의 어느 회사에서 '달 토지 소유권'을 만들어 개인에게 파는 것과 같은 이치이지요. 그래서 이별의 동의어인 '별리'도, 전의 다른 말인 '저냐'도, 섬 그림자를 뜻하는 '도영'도, 모두 제 것이랍니다.

흘러가는 대화 역시 소유할 수 있습니다. 일기장에 붙잡아 두면 영원히 제 것으로 남으니까요.

"내가 너한테 왜 자꾸 열심히 하라고 잔소리하는 줄

아냐? 너는 하면 될 것 같아서 그러는 거야."

초짜 작가였던 저에게 출판사 대표가 술김에 쏟아낸 술주정은 제 것이 되었습니다.

"사람들은 너를 무시하지 않아. 네가 네 자신을 무시하니까 그렇게 느끼는 거야."

피해의식에 가득 차 있던 저에게 첫사랑이 건넨 위로도 제 것이고요.

"상대방 기분을 상하게 하지 않으면서 화를 표출하는 방법은 없어. 착한 척하지 말고 화가 날 때는 그냥 화를 내."

싫은 소리를 하지 못해 병이 났던 저에게 친구가 날린 일침 역시 제 것입니다. 가진 것이 이다지도 많다니요. 저는 참말 부자입니다.

금이 비싼 이유는 희소성이 높기 때문이라지요. 그렇다면 수십만 개의 어휘를 알맞게 조합해 상대방과 주고받는 대화는 얼마만큼의 가치를 지닐까요. 아마도 금 한 돈과는 우습게 맞먹지 않을까 싶습니다. 어쩌면 강남 토지 한 평보다, 비트코인 한 개보다, 고흐나 피카소의 그림 한 점보다 더욱 값질지도 모르지요.

천금 같은 대화를 그냥 흘려보내기엔 너무나 아깝습니다. 시시한 농담도 좋고 치열한 설전도 좋으니 일기장에 저축하듯 차곡차곡 쌓아 나가 보세요. 그렇게 쌓인 무형의

재산은 언젠가 여러분의 가슴을 든든하게 채워줄 것입니다. 써먹지도 못할 걸 모아서 무엇 하느냐 반문일랑 하지 마세요. 우리가 어디 돈을 쓰려고 모은답니까. 보려고 모으는 거지요.

시시한 농담도 좋고 치열한 설전도 좋으니
일기장에 저축하듯 차곡차곡 쌓아 나가 보세요.

11일 차 미션

최근에 나눴던 대화 중
가장 인상 깊었던 것을 기록해 보세요.

0월 0일 이수진의 일기

조카가 놀러 왔다. 조카와 놀아줘야 한다는 명분이 생겼으니 오늘 하루는 죄책감 없이 쉬기로 했다. 내가 일하는지 노는지 누가 감시하는 것도 아닌데 나는 왜 마음 편히 쉬지 못하는 걸까. 두 시간에 가까운 러닝타임이 부담스러워 재생 버튼을 누르지 못했던 '케데헌'도 조카 덕에 겨우 볼 수 있었다. 조카가 화면을 자꾸만 가리는 바람에 집중이 안 되기는 했지만 말이다. "라임아, 좀 비켜 봐. 이모 안 보이잖아." 그런데 이 녀석이 나에게 미안해하기는커녕 "좋겠다, 나는! 케데헌 잘 보여서!" 하며 행복한 웃음을 웃는 것이 아닌가? 이걸 이기적이라고 해야 하나, 긍정적이라고 해야 하나. 어느 쪽이든 간에 배우고 싶은 정신이다.

12일

가까운 사람에게 쓰지 못한 진심

일상에서의 저는 말수가 적은 편입니다. 그래서 대부분의 사람은 저를 조용한 사람이라고 생각하지요. 여러분에게만 넌지시 알려드리자면 그들은 속고 있습니다. 글로 쏟아낼 말이 이렇게나 많은데 입으로 내뱉을 말이 왜 없겠습니까. 말을 하는 동안 시선이 집중되는 것이 부담스러워, 하고 싶은 이야기가 있어도 그저 꾹 참는 것뿐입니다. 반면, 가까운 사람 앞에서는 그렇지 않습니다. 어제는 누구를 만났고, 그 사람이랑 이런 대화를 나눴으며, 오늘 점심으로는 무엇을 먹을 예정이고, 이따가 저녁에는 심심하니 나랑 같이 놀자고 귀가 따갑도록 이야기를 늘어놓습니다. 지금은 헤어진 남자 친구가 오죽하면 저를 투 머치 토커라고 불렀겠습니까.

하지만 제가 아무리 말이 많은 사람이라 한들 속에 있는 이야기를 모두 직구로 던지지는 않습니다. 상대방이 무언가를 숨기고 있는 것 같을 때 대놓고 묻는 대신 옆구리를 쿡쿡 찌른다든지, 대화로 풀어야 할 갈등 상황에서 오히려 입을 꾹 다물어 버리기도 하지요. 감 놔라 배 놔라 훈수를 두었다가 지나친 참견으로 보일까 봐 감이든 배든 원하는 대로 놓으라는 식으로 변화구를 던지기도 하고요. 특히, 미안하거나 고마운 마음은 어쩜 그리 표현하기가 쑥스러운지요. "미안해" "고마워" 이 세 글자면 간단히 해결될 일을, "뭐 먹고 싶은 거 있어? 아니, 어차피 나도 저녁은 먹어야 되니까 내가 사려고" 하며 길게 늘여 말하는 수고를 합니다. 그것도 모자라 쓸데없는 돈까지 쓰고야 말지요.

가까운 사람과 더 가까워지기 위해 툭 터놓고 이야기하라는 말씀은 차마 드리지 못하겠습니다. 저도 낯이 간지러워 그렇게까지는 하지 못하니까요. 다만, 일기장에 상대방을 향한 진심을 적어보라는 말씀은 드리고 싶습니다. 그 사람은 듣지 않으니까, 내 마음을 표현할 단어를 시간을 들여 선택할 수 있으니까, 혹여 말실수를 한다 해도 도로 주워 담을 수 있으니까 망설일 이유가 하나도 없지요. 듣는 사람이 없는데도 영 쑥스러우신가요. 한 야구선수는 말했습니다. 부끄러움을 감수해야 자신이 가진 실력과 잠재력이 비로소 나온다고 말이지요. 그러니 일단 한번 도전해 보세요. 혹시 아나요? 무뚝뚝하기만 한 여러분의 마음속에 말랑말랑한 로맨티스트가 숨어 있을지도요.

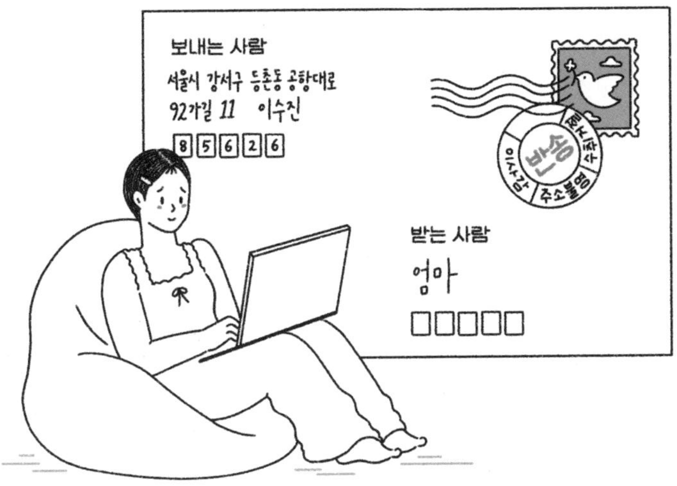

무뚝뚝하기만 한 여러분의 마음속에
말랑말랑한 로맨티스트가 숨어 있을지도요.

12일 차 미션

가까운 사람에게 전하지 못한 진심을 담아

편지 형식으로 일기를 써보세요.

0월 0일 이수진의 일기

엄마, 엄마라는 두 글자만 썼는데도 눈물이 나는 이유는 뭘까. 그건 아마 엄마에게 미안하기 때문일 거야. 나의 일거수일투족을 궁금해하며 매일매일 전화하는 엄마에게 내가 이렇게 물었던 적이 있지. "아니, 왜 이렇게 전화를 자주하셔?" 그러니까 엄마가 깔깔 웃으면서 대답했잖아. "나는 니가 좋은 걸 어떡해애애애애애!" 나도 엄마를 좋아하기는 하지만 엄마가 나를 좋아하는 것만큼은 아닌 것 같아. 내가 엄마의 영원한 짝사랑일 수밖에 없다는 사실이 나는 좀 미안해. 이런 내가 엄마에게 해줄 수 있는 일이 뭐가 있을까. 그래, 엄마는 내가 하는 재미있는 이야기를 좋아하지. 앞으로도 책임지고 웃겨드릴게.

13일

서운함을 솔직하게 쓰는 용기

저의 일상은 무척 단순합니다. 기상, 출근, 일, 퇴근, 요가, 취침을 매일매일 반복하거든요. 그런데 얼마 전에는 기상한 후 출근하는 대신 어느 식당으로 향했습니다. 오래간만에 친구와 약속이 있어 쳇바퀴 같은 일상에서 잠시 내려온 것이지요. 때마침 전화를 걸어온 엄마는 친구를 만나러 간다는 저의 대답에 화들짝 놀라 반문했습니다.

"네가 친구가 어딨어?"

농담기라고는 전혀 찾아볼 수 없는 엄마의 물음에 실소가 터져 나왔습니다. 아니, 내가 친구가 없긴 왜 없어? 진주도 있고! 정아도 있고! 그리고… 그리고 또! 하여튼 두 명이나 있는데! 하기야, 사교성이 뛰어나 여러 사람과 두루두루 친하게 지내는 엄마의 눈에는 제가 외톨이처럼 보일 법도 하겠지요.

제 곁에 사람이 많지 않은 이유는 그만큼 많은 인연을 떠나왔기 때문입니다. 사람을 사귀다 보면 삐지기도 하고,

싸우기도 하고, 눈물 콧물 짜내며 화해하는 순간도 찾아오기 마련이지요. 저는 그 폭풍 같은 과정을 상상하는 것만으로도 피로가 몰려와 회피하는 방법을 택하고 맙니다. 이제 와 돌이켜보니 그렇게 떠나온 사람들에게 미안한 마음이 듭니다. 어제까지만 해도 하하 호호 웃으며 함께 시간을 보내 놓고서는 일언반구도 없이 잠적해 버렸으니 얼마나 황당했을까요. 이따금 제 얼굴이 떠오를 때면 '도대체 내가 뭘 잘못했을까' 하며 쓸데없는 죄책감을 느끼기도 할 테고요. 그들에게 제가 건넬 수 있는 말이라고는, 관계에 서툰 탓에 본의 아니게 상처를 줬다는 이기적인 변명밖에 없습니다.

떠나온 사람들의 얼굴을 떠올리니 좋았던 기억도 함께 떠오릅니다. 누군가가 미워진다는 건 그 사람을 그만큼 좋아했다는 반증일지도 모르겠다는 생각이 드네요. 하지만 앞으로도 저는 삐지고, 싸우고, 눈물 콧물 쏟아 가며 화해하는 일을 잘 해내지 못할 것 같습니다. 아무래도 성격에 맞지 않거든요. 다만, 홧김에 인연을 정리하는 대신 시간을 두고 관계를 점검해 보려 합니다. 상대방을 향한 불만을 일기장에 토로하다 보면 나의 잘못 또한 눈에 보일 수도 있으니까요. 여러분도 누군가와 갈등하고 있다면 일기장에 서운한 마음을 써 내려가 보세요. 혹여나 그 과정에서 상대방이 더욱더 미워진다 해도 너무 속상해하지는

떠나온 사람들의 얼굴을 떠올리니
좋았던 기억도 함께 떠오릅니다.

마시고요. 시절 인연이라는 말이 괜히 있는 건 아닐 테니까요.

13일 차 미션

서운한 감정을 써 내려가며 상대방과 나의 관계를 점검해 보세요.

0월 0일 이수진의 일기

은희가 변했다. 내가 인스타그램에 댓글을 달면 이모티콘 하나로 답변을 대신한다. 밥 한번 먹자고 카톡을 보내도 '언젠가' 만나자는 말만 할 뿐 약속을 잡지 않는다. 한동네에 살면서 얼굴을 보기가 이렇게 힘들단 말인가. 그래, 뭐. 내가 은희를 성가시게 하기는 했다. 심심하면 은희 집에 쳐들어가기도 하고, 무얼 하나 궁금해 수시로 전화하기도 하고, 우리 집에서 자고 가라고 조르기도 했다. 나는 은희가 좋아서 그랬지만 은희는 이런 내가 귀찮은 모양이다. 내내 붙어 있는 동안 내가 말실수를 했을 수도 있겠지. 은희의 마음이 변한 이유를 알고 싶지만 묻지는 않으련다. 은희의 완곡한 거절을 오늘부로 받아들이겠다.

14일

2주간의 기록, 나의 작은 역사

가장 좋아하는 책을 한 권만 말해 보라면, 어린 시절 외삼촌이 선물해 주었던 셸 실버스타인의 그림책『어디로 갔을까, 나의 한쪽은』을 꼽겠습니다. 이 책의 주인공인 '이가 빠진 동그라미'는 잃어버린 조각을 찾아 길을 떠납니다. 완전한 동그라미였다면 빠르게 굴러갈 수 있을 텐데, 이가 빠진 탓에 영 속도가 나지 않지요. 하지만 그런 그에게도 장점은 있었습니다. 천천히 굴러가며 벌레와 이야기를 나누고 꽃향기를 맡을 수 있었거든요. 그는 좌충우돌 끝에 자신과 꼭 맞는 조각을 만나지만 행복은 그리 오래가지 않았습니다. 완전한 동그라미가 되자 정신없이 떼굴떼굴 굴러가느라, 여유 있는 삶을 즐길 수 없게 되었기 때문입니다.

우리는 자신의 부족한 부분을 채워줄 누군가를 갈망하곤 합니다. 운이 좋게 그러한 사람을 만난다 해도 곡절을 겪기 마련이지요. 이 말인즉, 우리가 지향하는 완전함

그대 몸에서 떨어진 조각이 나는 아니오.
그 누구의 조각도 나는 아니오.
나는 그저 하나의 조각일 뿐.

이란 이 세상에 존재하지 않는다는 이야기일 것입니다. 그렇다면 우리는 어떻게 살아가야 할까요? 이 질문의 힌트는 이가 빠진 동그라미에게 어느 조각이 해주었던 대답에서 찾을 수 있습니다.

"그대 몸에서 떨어진 조각이 나는 아니오. 그 누구의 조각도 나는 아니오. 나는 그저 하나의 조각일 뿐."

외삼촌은 제가 마흔이 넘도록 혼자 지내게 될 걸 내다보고 이 책을 선물해 준 걸까요? 제가 하나의 조각이라는 사실을 떠올리면 혼자인 지금이 그런대로 괜찮게 느껴집니다.

독수공방하며 서글픈 눈물을 흘리고 있을 전국의 남녀에게 이 이야기가 닿을 수 있기를, 그리하여 여러분에게 주어진 삶을 여유롭게 즐길 수 있기를 희망합니다. 이미 완전한 동그라미를 이루어 떼굴떼굴 굴러가고 있는 분들은 어떻게 하냐고요? 아차차, 동화의 결말을 말씀드리지 않았군요. 이가 빠진 동그라미는 노래 부르기를 좋아했습니다. 그런데 완전한 동그라미가 되는 바람에 입을 벌려 노래를 부를 수 없다는 사실을 깨닫게 되지요. 그는 조각을 살포시 내려놓고 제 갈 길을 갑니다. 이를 본보기 삼아 이따금 서로를 분리해 하나의 조각으로 존재하는 시간을 가져보는 것도 좋겠습니다. 갈라서기를 권장해 드리는 건 절대 아닙니다. 이따금, 정말 이따금 말이에요.

14일 차 미션

여러분은 어떤 모양의 조각이고,
그 모양 덕에 무엇을 누리고 있는지 적어보세요.

0월 0일 이수진의 일기

나는 성게처럼 뾰족뾰족하다. 그래서인지 사람들은
나에게 선뜻 다가오지 못했다. 누구와도 편하게 어울리는
사람을 부러워했던 적도 있다. 하지만 혼자 지내는 시간이
길었던 덕에 나는 스스로를 더욱 깊이 들여다볼 수
있었다고 믿는다. 남들보다 조금 빠른 속도로 성장한 것도
그 뾰족함 덕이었을 것이다. '셸 실버스타인'의
'떨진 한쪽, 큰 동그라미를 만나'에 나오는 조각은 구르고
구른 끝에 모서리가 닳아 완전한 동그라미가 된다.
나 역시 나이를 먹을수록 가시가 무뎌지는 것을 느낀다.
이른 나이에 깊어지고 나이 들수록 둥글어지는 나.
뭐야, 이 정도면 꽤 괜찮은 인간이잖아?

3주 차

미래를 쓰고,
새로운 나를 만나다

앞으로의 나를 상상하며 쓰다

옛날 옛날 한 옛날, 중국에 '두의'라는 고위 관직자가 있었습니다. 그의 딸은 여걸이라 불릴 만큼 성미가 괄괄했지요. 두의는 그런 딸에게 어울릴 만한 사위를 찾고자 '병풍에 그려진 공작새의 눈을 화살로 쏘아 맞히는 자를 사위 삼겠다'는 방을 내걸었습니다. 부잣집에 장가들고 싶었던 남자들은 앞다투어 화살을 쏘아댔습니다. 하지만 의욕만 앞선 탓에 모두 실패로 끝났지요. 다만, '이연'이라는 청년만은 명중에 성공했습니다. 공작새의 눈을 정확하게 겨냥했기 때문이지요.

"눈 목目, 과녁 적的. '목적'이라는 단어는 이 이야기에서 유래했다고 해요. 목적이 분명해야 원하는 바를 이룰 수 있다는 사실을 잘 보여주고 있지요?"

도서관에서 글쓰기를 주제로 이따금 강연을 하는데요. 참여자들에게 글을 쓰기 전에 목적을 생각해 보라는 조언을 건넬 때 써먹는 레퍼토리랍니다. 기록하는 일에 취미가 있는 것인지, 글을 쓰며 마음을 수양하고 싶은 것인지, 직업적인 작가가 되고 싶은 것인지에 따라 글을 대하는 방식이 달라질 테지요. 목적을 세우고 글을 쓴다면 헤매는 일도 그만큼 줄어들 것입니다. 글 한 편을 쓸 적에도 목적이 필요한데 하물며 인생이라는 긴 여정에서는 어떨까요? 아무도 물어본 적은 없지만 제 인생의 목적은 무병장수하며 〈나는 솔로〉를 보는 것입니다. 목적이 지나치게 소박한 거 아니냐며 놀리지는 말아주세요. 이를 달성하기 위해 세워야 하는 목표는 부지기수로 많으니까요.

'목적'과 '목표'의 차이가 무엇인지 헷갈리는 분도 계실 텐데요. '목적'이 '나아가야 할 방향'이라면, '목표'는 '목적을 달성하기 위한 구체적인 행동 지침'이라고 할 수 있습니다. 이번 기회에 두 단어의 차이를 분명히 기억해 둔다면 목표를 이루지 못했다며 좌절하는 일을 미연에 방지할 수 있지 않을까 싶습니다. 오늘 이루지 못한 목표는 내일 이뤄도 괜찮습니다. 목적만 잃지 않는다면 목표야 얼마든지 다시 세울 수 있으니까요.

여러분의 목적은 무엇인가요? 또, 그것을 이루기 위한 내일의 목표는 무엇인가요? 여러분에게 질문을 던지는 것으로 제 할 일을 했으니, 저는 이만 제 목적을 달성하러 가봐야겠습니다. 오늘은 수요일, 〈나는 솔로〉 하는 날이거든요.

여러분의 목적은 무엇인가요?
또, 그것을 이루기 위한
내일의 목표는 무엇인가요?

15일 차 미션

인생의 목적과, 그것을 달성하기 위한

내일의 목표를 적어보세요.

0월 0일 이수진의 일기

[인생의 목적]

무병장수하면서 <나는 솔로> 보기

[내일의 목표]

1. 아침에 10분만 일찍 일어나 점심으로 먹을 도시락 싸기
2. 버스에서 한 정거장 일찍 내려서 사무실까지 걸어가기
3. 아이스아메리카노 대신 따뜻한 차 마시기
4. 퇴근 후에 헬스장 가서 천국의 계단 딱 30분만 하고 집에 오기
5. <나는 솔로> 보고 씻으면 너무 늦으니까 집에 도착하자마자 샤워하기
6. 언젠가 <나는 솔로>에 출연할 수도 있으니까 외모 관리 차원에서 일찍 자기

16일

미래의 나에게 보내는 첫 편지

형부와 밥을 먹다 엄마 이야기가 나왔습니다. 장모님과 최근에 통화했느냐는 형부의 물음에 거의 매일 연락한다고 대답했지요. 엄마에게서 걸려 오는 전화를 재깍재깍 받는 게 전부이니 '연락을 한다'기보다는 '연락을 받는다'는 표현이 더 정확하겠지만요.

"엄마한테 전화를 자주 해야 인생이 잘 풀려. 자식이 엄마를 챙기면 엄마도 자식이 잘되기를 빌어줄 거 아니야. 그 기운이 다 전달되는 거라고."

형부의 기상천외한 설교에 눈물이 찔끔 날 만큼 웃었습니다. 하지만 한편으로는 형부의 말에도 일리가 있다는 생각이 들어, 엄마에게서 걸려 오는 전화를 받기만 할 것이 아니라 내가 먼저 하기도 해야겠다고 다짐했답니다.

제가 잘되기를 빌어줄 사람이 이 세상에 엄마 말고 또 누가 있을까요. 아빠라고요? 예, 맞습니다. 엄마와 아빠는 너무나 당연하니 한 사람만 더 떠올려 보세요. 그 사람은 다름 아닌 '미래의 나'입니다. 과거의 내가 잘돼야 미래의 나도 존재할 수 있을 테니까요. 2장 「미래의 나와 나누는 대화」를 읽으셨다면, 미래의 내가 과거의 나에게 메시지를 보낼 수 있다는 사실을 기억하고 계실 텐데요. 미래의 내가 과거의 나에게 '시티폰'으로 연락하지 않는 이상, 과거의 내가 미래의 나에게 보내는 메시지를 얼마든지 수신할 수 있겠지요.(스마트폰 세대를 위해 덧붙이자면, 시티폰은 전화를 걸 수만 있고 받을 수는 없는 고릿적 이동 통신 수단입니다.)

그러니 미래에서 오는 응원의 메시지를 기다리기만 하지 말고, 10년 뒤의 나에게 먼저 연락해 보세요. 가는 말이 고와야 오는 말도 고운 법이니까요. 밥은 제때 챙겨 먹는지, 어디에서 무얼 하고 지내는지, 아픈 곳은 없는지, 몸은 건강한지, 일기장에 살가운 편지를 써서 안부를 묻는 것이지요. 과거의 내가 개떡 같은 방식으로 연락한다 해도 고도로 발달한 미래의 나는 찰떡같이 수신할 수 있을 테니 '과연 잘 전달될까' 하는 걱정일랑 접어두셔도 좋겠습니다. 과거의 내가 보낸 메시지를 미래의 내가 받는다면, 이런 우리 모습이 갸륵해서라도 복을 빌어주지 않겠습니까. 미래의 나와 소통을 끝냈다면 엄마한테 전화하는 것도 잊지 마시고요. 참, 아빠도요!

미래에서 오는 응원의 메시지를
기다리기만 하지 말고,
10년 뒤의 나에게 먼저 연락해 보세요.

16일 차 미션

10년 뒤의 나에게 안부를 건네며
원하는 바를 이루었는지 물어보세요.

0월 0일 이수진의 일기

40대가 되니 몸이 한두 군데씩 고장 나고 있어.
나쁜 음식도 먹지 않고 운동도 열심히 하는데
세월은 어쩔 수가 없나 봐. 그래도 더 나빠지지 않게
신경 쓰고 있으니 50대가 된 너도 건강한 편일 거라
믿어 의심치 않아. 너는 지금 내가 상상하는 대로
조금 더 넓은 집에서 조금 더 여유롭게 살고 있을까?
몸이 건강한 만큼 마음도 건강하게 유지하고 있을까?
설마, 나쁜 남자에게 휘둘려 돈을 뜯기지는 않았겠지?
지금 당장 답해주지 않아도 괜찮아.
다만 긍정적인 대답이 들려왔으면 좋겠어.
네가 기꺼이 그리할 수 있도록 내가 여기에서 더 노력할게.

두려움을 글로 꺼내 건너다

출판사를 배경으로 한 영화나 드라마를 보면 코웃음이 나옵니다. 출판사 대표가 저렇게 잘생겼다고? 말이 되는 소리를 해라! 그런데 말이 되는 일이 생기고야 말았습니다. 배우 박정민이 '무제'라는 출판사를 창업했기 때문입니다. 그… 저기… 저도 그 출판사에서 출간해 볼 수 없을까요? 대표님 얼굴을 가까이에서 볼 수만 있다면 인세가 적어도 상관없는데 어떻게 좀 안 될까요? 제가 먼저 출간을 제안한다면 가능성이 전혀 없는 건 아닙니다. 이래 봬도 경력직 작가니까요. 하지만 저는 늘, 거절당할지도 모른다는 두려움 때문에 어떤 일을 시도하는 것을 망설입니다. 심심한 날 친구를 만나고 싶어도 혼자서 놀고, 좋아하는 사람이 있어도 고백해 본 적이 없지요.

이다지도 겁이 많은 저이지만, 메두사와 페르세우스 이야기를 떠올리면 얼마간의 용기를 낼 수 있습니다. 메두사는 『그리스 로마 신화』에 등장하는 괴물인데요. 그녀와

눈을 마주치는 순간 그 누구든 돌로 변해 버리지요. 신은 그런 메두사와 맞서 싸우려는 페르세우스에게 반짝이는 청동 방패를 건넵니다. 방패에 비친 메두사의 모습을 보며 접근하면 돌이 되는 일은 피할 수 있을 테니까요. 저에게도 반짝이는 청동 방패가 있습니다. 그게 무엇인지는 굳이 말하지 않아도 이제 아시겠지요? 두말하면 잔소리, 그건 바로 일기장입니다. 두려움을 정면으로 돌파하기에는 겁이 나니, 일기장에 그에 대한 이야기를 쓰며 실체를 파악하는 것이지요.

여러분의 발목을 붙잡고 있는 두려움은 무엇인가요? 돈, 건강, 직업, 인간관계, 자녀나 진로 문제일 수도 있겠지요. 각자가 지닌 두려움은 모두 다르겠지만 그 문제가 아무리 중대하다 한들 일기장에 부려놓지 못할 만큼 큰 일은 아닐 것입니다. 막연하게만 느껴지던 두려움을 일기장에 찬찬히 써 내려가며 가시화해 보세요. 몇 줄짜리 문장으로 정리될 일이라는 사실에 허탈한 웃음이 터질 수도 있고, 해결하기 어려운 문제라 해도 그 녀석을 치고 들어갈 자그마한 틈을 발견할 수도 있을 테니까요. 페르세우스 여러분, 피할 수 없으면 즐기라는 말을 곧이곧대로 믿었다가는 피를 볼 수 있으니 유의하시기 바랍니다. 피할 수 없으면 써야 합니다.

여러분의 발목을 붙잡고 있는
두려움은 무엇인가요?

17일 차 미션

두려움의 실체를 글로 드러내고
그에 대응할 방법을 궁리해 보세요.

0월 0일 이수진의 일기

집을 샀다. 잔금을 치른 건 아니지만 계약금을 넣었으니
샀다고 하는 게 맞겠지? 집을 사는 일이 처음이다 보니
뭐가 뭔지 하나도 모르겠다. 완전한 내 집으로 만들기
위해서는 아직도 넘어야 할 산이 많지만 부동산에서 시키는
대로 하면 되겠지, 뭐. 무엇보다도 걱정이 되는 건 다달이
갚아야 하는 원리금이다. 남들도 다 빚 갚으며 산다지만
어쩐지 자신이 없다. 버는 돈보다 나가는 돈이 더 많으면
인생이 복잡해질 텐데. 오늘부터 가계부를 써야겠다.
홍콩반점에서 점심으로 짜장면에 군만두 12,500원.
으이구, 뭣 하러 외식을 해서 헛돈을 쓰니!
앞으로는 집에서 짜파게티에 비비고 만두 먹기로, 약속!

내 삶을 지탱하는 것을 발견하다

가수 중에는 지드래곤을 좋아하고 기업가 중에는 재드래곤을 좋아합니다. 재드래곤이 누구냐고요? 재용, 삼성전자 이재용 회장 말입니다. 웃음을 참는 듯한 그 귀여운 얼굴을 보고 있노라면 당장이라도 아이폰을 팔고 갤럭시를 사고 싶은 마음이 듭니다. 재드래곤 덕질을 하다 보니 그가 좋아하는 음식은 '치킨', 그가 쓰는 립밤은 '소프트립스', 그가 경영하는 삼성의 핵심 가치는 '인재'와 '기술'이라는 사실까지 알게 되었는데요. 재드래곤은 "최고의 기술은 훌륭한 인재들이 만들어 낸다"고 밝히며, 세상을 바꿀 수 있는 인재를 키우고 세상에 없는 기술에 투자해야 한다고 덧붙였더군요. 이재용! 이재용! 미소 천사, 이재용!

저도 재드래곤처럼 멋진 사람으로 성장하기 위해 저의 핵심 가치를 정해 보기로 했습니다. 핵심 가치란 '장기간 변하지 않는 신념'을 뜻합니다. 오랜 기간 기록해 온 일기에서 꾸준히 반복되는 이야기를 살피다 보면 그 속에서 핵심 가치를 도출할 수 있겠다는 생각이 들더군요. 다시금 들춰본 저의 일기장에는 일에 대한 이야기가 많았습니다.

"정신 차려, 이주윤. 이 각박한 세상에서 뭘 믿고 게으름을 부려. 일 똑바로 해. 돈값 해. 잘하고 못하고를 떠나서 책임감을 가지고 완성하란 말이야. 셀프 싸대기, 짝짝!"

이 일기를 읽는 순간, 저의 핵심 가치가 '책임'이라는 사실을 비로소 깨닫게 되었지요.

여러분의 인생을 여기까지 이끌어 온 핵심 가치는 무엇인가요. 선뜻 떠오르는 것이 없다면 이번 기회에 발견해 보는 것도 좋은 경험이 되겠지요? 저처럼 오랫동안 써 온 일기가 있다면 그 속에서 반복되는 이야기를 찾아 핵심 가치를 도출해 보세요. 일기가 없다면 스스로에게 자주 하는 잔소리를 재료 삼아도 좋습니다. 여기에서 그치지 않고 핵심 가치를 지키기 위한 구체적인 행동 원칙까지 세운다면 앞으로의 삶이 한결 수월해질 것입니다. 그 기준에 맞춰 움직이다 보면 갈팡질팡하는 일도 자연스레 줄어들 테니까요. 저도 '책임'이라는 핵심 가치를 오늘에서야 발견했으니, 이제 행동 원칙을 하나하나 세워봐야겠네요. 우선… 재드래곤을 좋아한다는 말에 책임을 지기 위해 다음 휴대폰은 갤럭시로!

여러분의 인생을 여기까지 이끌어 온

핵심 가치는 무엇인가요.

18일 차 미션

변치 않을 핵심 가치를 선언하고 그에 따른 행동 원칙 세 가지를 적어보세요.

0월 0일 이수진의 일기

'일기장 속 반복되는 이야기' 또는 '스스로에게 자주 하는 잔소리'는 무엇일까?

[먹고 나면 후회할 게 분명한데 엽떡을 시키긴 왜 시켜.]

그 속에서 핵심 가치를 도출한다면?

[건강]

핵심 가치를 지키기 위한 구체적인 행동 원칙

1. 배달 앱을 열기 전에 냉장고부터 열어 본다.
2. 되도록 집밥을 먹되, 불가피하게 배달을 시켜야 한다면 수육처럼 건강한 음식을 선택한다.
3. 헬스장에 가서 폰만 보다 오는 한이 있더라도 일주일에 세 번 이상 방문한다.

19일

같은 일, 다른 의미로 다시 쓰기

저는 불교에 관심이 많습니다. 엄마는 이런 저의 관심사를 존중해 주기는커녕 제가 불교의 '불' 자만 꺼내도 기겁을 하십니다. 비구니가 되겠다고 할까 봐 무섭다나요. 정말이지 별걱정을 다 한다 싶습니다. 그런데 가끔은 머리털이 성가시다는 생각이 들기도 합니다. 깔끔한 절밥을 삼시 세끼 먹고 싶다는 마음도 들고, 회색이 잘 받으니 승복도 잘 어울릴 것 같다는 상상도 해 보지요. 하지만 막상 절에 들어가 봐도 속세와 크게 다르지 않을 거라는 생각 역시 듭니다. 게다가 해가 뜨기도 전에 일어나 불공을 드려야 하니 사서 고생하는 셈이겠지요. 이런저런 이유로 머리 깎기를 포기한 저는 유튜브로 스님들의 말씀을 들으며 제 나름대로 수행을 하곤 한답니다.

'스님'이라는 단어만 들어도 하품부터 나오는 분이 계실 텐데요. 법륜 스님의 말씀은 조금 다릅니다. 법문을 일방적으로 설하기보다는 청중과 고민을 나누며 자연스레 이야기를 건네시거든요. 개그 욕심은 또 어찌나 많으신지요. 아무래도 청중의 배를 찢어 놓는 것이 스님의 취미이자 특기인 듯싶습니다. 한번은, 남편과 이혼하고 나니 살길이 막막하다는 질문자에게 이런 답변을 해주시더군요.

"니는 차암 좋겠다. 남들은 다른 남자랑 살고 싶어도 남편이 집에서 두 눈 똑바로 뜨고 있어서 꿈도 못 꾸는데, 니는 그 어려운 결혼을 두 번이나 할 수 있잖아."

객석에서 와하하 폭소가 터져 나오자 질문자도 피식, 웃고야 말았답니다.

보시다시피 스님께서 대단한 해법을 제시해 주는 것은 아닙니다. 다만, 생각을 전환할 수 있게 이끌어 주실 뿐이지요. 법륜 스님의 말씀을 가만히 듣고 있노라면 세상천지에 해결하지 못할 일은 하나도 없는 것처럼 느껴집니다. 이러한 법륜 스님의 가르침에 공감하신다면, 여러분을 괴롭히는 사건에 매몰되어 좌절하기보다는 긍정적으로 해석하려는 시도를 해 보세요. 그러다 보면 예상치 못한 돌파구가 열릴 수도 있을 테니까요. 그러고 보면 우리는 참 행운아입니다. 옛날 사람들은 스님의 가르침을 받으려면 머리 깎고 절에 들어가야 했지만, 우리는 편히 누워 유튜브로 배울 수 있으니 최소한 민머리가 될 일은 없잖아요.

여러분을 괴롭히는 사건에
매몰되어 좌절하기보다는
긍정적으로 해석하려는 시도를 해 보세요.

19일 차 미션

최근에 겪은 부정적인 사건을 긍정적으로 해석해 보세요.

0월 0일 이수진의 일기

살이 쪘다. 그것도 무려 5kg이나. 과자 같은 간식 대신 버터를 먹으면 살이 빠진다기에 신나게 욱여넣었더니만 이렇게 됐다. 누구야, 누가 살 빠진다고 했어!
살이 쪄도 고루고루 찌면 복스러워 보이기라도 하겠건만 배랑 얼굴만 퉁실퉁실해지니 꼴사납기 짝이 없다.
지방을 조금이라도 덜어내고자 요가원에 갔다.
뱃살을 출렁이며 몸을 열심히 움직였다.
그런데 이게 웬일일까. 아래로 향했던 머리를 위로 들어 올릴 때마다 나를 괴롭히던 기립성 저혈압이 사라졌다.
미용과 건강. 둘 중 하나를 택하라면 건강을 택해야 할 나이.
하늘이 나를 어여삐 여겨 무병장수하라고 5kg을 선물했나 보다.

21일 전의 나와 지금의 나

지금으로부터 꼭 1년 전, 얼굴에 난 점을 빼러 피부과에 갔습니다. 레이저로 점 몇 개만 지지면 얼굴이 환해질 거라 생각했지요. 그런데 이게 웬걸. 상담 실장님 말씀으로는 점도 점이지만 인중에 난 거뭇거뭇한 솜털이 얼굴을 칙칙하게 만드는 주범이라더군요. 거기에 토닝 레이저까지 더하면 얼굴이 전체적으로 한 톤 밝아진다나요. 귀가 얇은 저는 '화이트닝 패키지 10회'를 결제했고, 그 일을 계기로 미용 시술에 발을 들여놓게 되었습니다. 유명 연예인도 1년에 두 번 받는다는 리프팅 레이저는 물론 콜라겐을 생성해 준다는 스킨 부스터 주사까지 맞다 보니, 친구보다 의사 선생님을 더욱 자주 만나는 지경에 이르렀습니다.

그래서 미용 시술에 얼마를 썼느냐고요? 금액을 공개하기에는 거시기하니 피부과에 십일조를 낸다는 마음가짐으로 꾸준히 다니고 있다고만 답하겠습니다. 그런데 돈 들인 보람이 무색하게도 제게 피부가 좋아졌다고 칭찬하는 사람은 단 한 명도 없더군요. 눈에 띄는 변화가 없다는 뜻이겠지요. 아무래도 괜찮습니다. 남들은 몰라도 저는 아니까요. 인중 제모 덕분에 입가의 거뭇한 흔적이 사라졌고, 지름 0.1mm의 모공이 0.075mm로 줄어들었으며, 걸핏하면 사과처럼 달아오르던 얼굴은 홍당무 수준으로 완화되었거든요. 그 돈을 들이고 그것밖에 변한 게 없냐고 말씀하시면 서운합니다. 이 돈을 들였으니 요만큼이나마 변한 겁니다.

미용 시술만큼이나 변화를 눈치채기 어려운 것이 있으니 그건 바로 일기 쓰기입니다. 여러분은 달라질 자신의 모습을 기대하며 20여 일 동안 일기를 써 오셨을 텐데요. 드라마의 한 장면처럼 "김 과장, 요즘 좋은 일이라도 있어요? 얼굴이 밝아 보이네" 하는 누군가의 말에 "헤헤, 그래요?" 하며 머리 긁적이는 일은 일어나지 않았으리라 여겨집니다. 눈에 띄는 변화가 일어나기에는 턱없이 부족한 기간이니까요. 하지만 여러분은 아시지요? 일기를 쓰기 전과 지금, 달라진 점이 있다는 사실을 말입니다. 그 변화가 0.025mm에 불과할 만큼 아주 사소해 보이더라도 실망하지는 마세요. 일기를 쓰지 않았더라면 요만큼의 변화조차 일어나지 않았을 테니까요.

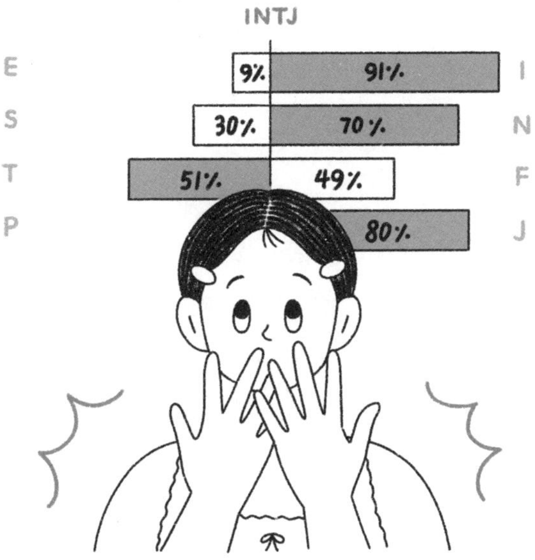

뼛속까지 F인 내 마음속에서

이런 T스러운 소리가 들려오다니.

20일 차 미션

나만 아는 미묘하고 사소한 변화를 발견하고 기록해 보세요.

0월 0일 이수진의 일기

돌아오는 월요일, 전 직원 앞에서 분기 실적 발표를 해야 한다. 내가 프로젝트를 담당했으니 직접 발표하는 게 좋겠다는 팀장님의 성화를 이기지 못했다.
학생 시절 조별 과제를 할 때 죽어도 발표만은 하지 않겠다고 버티던 나이건만 사회에서는 그럴 수 없으니 죽을 맛이 따로 없다. 그런데 오늘은 마음속에서 이런 소리가 들려왔다. '아직 일어나지도 않은 일을 뭐 하러 걱정해. 세상에 이런 시간 낭비가 또 있어? 걱정을 해도 월요일에 하자.'
뼛속까지 F인 내 마음속에서 이런 T스러운 소리가 들려오다니. 일기를 쓰면서 전두엽이 활성화된 덕일까? 아니면 나이를 먹어 처세에 능해진 것일까? 어느 쪽인지 알 순 없지만 어찌 되었든 굿이다.

일기와 함께 살아가는 어른으로

헤어진 연인의 흉을 보는 일은 제 얼굴에 침을 뱉는 것과 마찬가지라는데요. 그렇다면 저는 그냥 제 얼굴에 침을 시원하게 뱉기로 하겠습니다. 그의 직업은 사주쟁이였습니다. '역술가'라는 고상한 말 대신 '사주쟁이'라는 단어를 사용한 이유는 그 사람에게 전문가라는 칭호가 어울리지 않기 때문입니다. 사사건건 말하자면 입만 아플 것 같아 생략하겠습니다만 간략하게만 고자질하자면, 그는 자기 인생 하나 제대로 꾸려 나가지도 못한 채 여자에게 기생하며 사는 주제에 사람들의 삶에 감 놔라 배 놔라 참견하던 사람이었습니다. 사람들이 열심히 일해 번 돈을 그에게 갖다 바치며 앞으로 어떻게 살아야 할지 조언을 구하는 모습이 그저 아이러니하게 느껴질 뿐이었지요.

이런 내막을 알 리 없는 내담자들은 그를 좋아했습니다. 사주풀이가 신통방통해서였을까요? 아닙니다. 목소리가 좋아서였을까요? 아닙니다. 얼굴이 잘생겨서였을까요?

왜 이러십니까, 결단코 아닙니다. 정답은 간단합니다. 사람들이 듣고 싶어 하는 말만 골라서 해줬기 때문입니다. 원하는 곳에 취직할 수 있다, 헤어진 여자 친구와 재회할 가능성이 높다, 아픈 아내를 간호하면서 다른 여자에게 눈이 가는 당신을 욕할 수 있는 사람은 아무도 없다. 그의 사탕발림에 홀랑 넘어간 사람들은 불안한 일이 생길 때마다 그에게 상담을 요청했지요. 이러한 모습을 가까이에서 지켜본 저는 '돈을 쓸 때 쓰더라도 전문가에게 쓰자'라는 크나큰 교훈을 얻게 되었습니다.

이런 제가 찾아간 곳은 동인천의 어느 역술원이었습니다. 너무 직설적인 탓에 사주를 보고 나면 오히려 찝찝해진다는 소문이 자자한 곳이었지요. 저의 생년월일시를 받아 든 역술가 선생님은 말씀하셨습니다.

대운이 들어왔다. 돈 버는 건 문제가 없는데 다른 사람으로 인해 내가 번 돈의 70퍼센트까지 잃을 수 있다. 가정을 이루기 어려운 팔자다. 남편 자리에 짠돌이가 앉아 있다. 육십까지 무자식이다.

선생님의 말씀을 곰곰이 듣던 저는 '무자식'이라는 대목에서 어렵사리 입을 뗐습니다.

"저… 육십까지 무자식이면 육십하나에는 자식이 들어온다는 건데 그때는 애를 못 낳잖아요."

"그렇지. 평생 무자식이라는 소리야. 아니면 육십하

나에 애 딸린 남자를 만날 수도 있고."

오, 마이, 갓!

애초에 결혼하고 싶은 마음도, 아이를 낳고 싶은 마음도 강했던 건 아니지만 다른 사람 입을 통해 선고받으니 제 팔자가 센 것처럼 느껴졌습니다. 돈은 열심히 벌어 무엇할까요. 어차피 다른 사람 때문에 다 잃는다는데요. 마음 같아서는 방금 들은 이야기를 기억에서 지워버리고 싶었지만 용하다는 선생님께 사주를 봤으니 그래서는 안 될 일이었습니다.

이것은 피가 되고 살이 되는 쓴소리다! 잊기 전에 블로그에 기록하자! 남한테 절대로 돈 빌려주지 말 것! 남자가 짠돌이 기질을 조금이라도 보이면 당장 헤어질 것! 그런데 예전에도 사주랑 관련된 일기를 썼던 것 같은데 무슨 내용이었더라…? 궁금해진 저는 '사주'라는 키워드로 제 블로그를 검색해 보았습니다.

2019년 11월 24일

내가 좋아하는 일은, 힘든 일이 있을 때 친구에게
고민을 털어놓고 조언을 듣는 게 아니라 사주 앱에
내 생년월일시를 넣고 '이주윤 님의 인생 흐름은
초년에는 그 운기가 약하여 힘들고 고된 날을 보내게

되는 일들이 많지만 중년기가 되면서 인생의 성취가 매우 커서 사회적으로 인정받으면서 편안하고 안락한 세월을 보내게 됩니다'라는 긍정적인 사주풀이를 보며 현재를 다스리는 것. 믿을 수는 없지만 그래도 중년을 한번 기다려 보는 것.

눈코 뜰 새 없이 바쁜데도 돈은 좀처럼 모이지 않던 때, 앞날이 궁금하지만 복채를 내기엔 아까워 사주 앱만 들락날락하던 때, 인생의 성취가 클 거라는 사주풀이 하나에 의지해 하루하루를 버티던 때였습니다. 그 시절의 제가 할 수 있는 일이라고는 엉덩이를 딱 붙이고 앉아 하던 일을 꾸준히 하는 것뿐이기는 했지만, 정확하지도 않은 무료 사주풀이에 기대어 중년이 오기를 기다릴 수 있었던 이유는 무엇이었을까요. 그건 아마 일기장에 기록된 10년 전의 나보다 1년 전의 내가, 그리고

1년 전의 나보다 현재의 내가, 조금은 더 나은 사람이 되었다는 걸 눈으로 확인할 수 있었기 때문이 아닐까 싶습니다.

갈대처럼 흔들리는 인생을 바로 세우기 위해 많은 사람이 멘토를 찾아 헤맵니다. 그렇게 찾은 멘토가 우리에게 조언을 건넬 수는 있겠지만 그것은 그 사람의 보편적인 경험에 불과하겠지요. 우리는 늘 잊고 사는 듯합니다. 나에

오늘의 업데이트를 시작해 봅시다!

대한 경험과 지식을 가장 많이 보유한 사람은 나 자신뿐이라는 사실을 말입니다. 이때, 생생한 자료가 담긴 일기장이 참고 서적이 되는 건 당연지사겠지요. 일기를 쓴다는 건 나의 인생을 통째로 모아둔 데이터베이스를 업데이트하는 일과 같습니다. '21일간의 일기 완주 프로젝트'는 여기서 막을 내리지만, 과거에 머물러 있지 않기 위해서는 업데이트를 멈추지 말아야겠지요. 자, 그럼 오늘의 업데이트를 시작해 봅시다!

21일 차 미션

변화 프로그램을 마무리한 오늘의 기록을 업데이트해 보세요.

0월 0일 이수진의 일기

일기를 매일매일 쓰지는 못했지만 그래도 모든 미션을 마무리했다. 솔직히 말해서 대단한 성취감이 느껴지지는 않는다. 무언가 써야 한다는 압박에서 벗어날 수 있다니 오히려 후련하기도 하다. 그런데 가만히 생각해 보면 일기를 쓰는 순간만큼은 재미있었다. 나 자신을 돌아보는 시간을 가졌던 것도 나쁘지 않았다. 일기가 좋다는 사실을 알기는 알겠는데 앞으로도 꾸준히 쓸 수 있을까? 매일 쓴다는 약속을 하지는 못하겠지만 잊고 싶지 않은 일이 있거나 마음이 힘든 날에는 일기장을 펼치도록 노력해 봐야겠다. 윈도즈도 매일 업데이트하는 건 아니니까 이 정도면 그럭저럭 괜찮겠지?

4장

일기를 잃지 않는 삶으로

일기 쓰는 어른이라는 정체성

엄마는 저더러 누굴 닮아서 그렇게 유별나냐는 말을 자주 합니다. 저한테 잔소리하는 걸로도 모자라 주변 사람에게까지 소문을 내고 다니지요. 오죽하면 일찍이 결혼해 고향을 떠난, 아주 먼 친척 언니마저 저의 유별남을 알고 있을까요. 그런데 서울 물 잔뜩 먹은 언니의 화법은 우리네 고향 사람들과는 달랐습니다. 십수 년 만에 만난 언니는 교양이 철철 넘치는 목소리로 저에게 이렇게 인사를 건넸지요.

"어머, 주윤아. 오래간만이다. 그동안 엄마한테 얘기 많이 전해 들었어. 네가 그렇게 유니크하다며?"

같은 '유' 자로 시작하는 말인데 어쩜 이리 어감이 다를 수 있을까. '유별난 인간'을 '유니크한 인간'으로 만들어 주는 영어가 참으로 재미있게 느껴졌습니다.

영어의 재미를 저만 느낀 것은 아닌 모양인지 인터넷에서는 이러한 밈이 유행하기 시작했습니다. 한국어로 말하면 별다를 것 없는 직업을 영어로 그럴싸하게 포장하는 것이지요. '백수'는 '홈 프로텍터', '배달원'은 '딜리버리 서비스 매니저', '소매치기'는 '머니 캐처'라고 부르는 식입니다. 이다지도 재미난 유행에 우리도 뒤처질 수 없지요. 어떠한 직업에 몸담고 계신지는 아무런 상관이 없습니다. 제가 새로운 직업 하나를 제시해 드릴 테니까요. 여러분은 20여 일 동안 일기를 써 오셨습니다. 쓰는 사람은 누구든 작가라고 할 수 있지요. 그러므로 누군가가 직업을 묻는다면 당당하게 '다이어리스트'라고 말씀하십시오.

그런데 여러분, 이것은 한낱 밈에 그치지 않습니다. '다이어리스트'는 무려 옥스퍼드 사전에 등재된 단어거든요. 우리말로 '일기 작가'를 뜻하는 이 말은 '일기를 쓰는 사람' 또는 '일기의 저자'라는 의미를 지니고 있는데요. 우리가 알 만한 다이어리스트로는 『안네의 일기』의 '안네 프랑크', 『하멜 표류기』의 '헨드릭 하멜', 『난중일기』의 '이순신 장군' 등이 있습니다. 이처럼 일기는 개인의 일상을 담은 기록인 동시에 그 시대를 설명해 주는 자료가 되기도 하지요. 영상 자료가 넘쳐나는 시대에 '내 일기가 무슨 가치가 있을까' 하는 생각일랑 접어두셔도 좋겠습니다. 어느 신문사 부장님 말씀에 따르면, 카메라가 들어가지 못하는 곳은 여전히 존재한다고 하셨거든요.

2012년 11월 17일

회식을 했다. 유부녀인 수간호사 선생님은 남편에게 나이트 근무를 한다고 거짓말을 하고 하룻밤의 자유를 얻었다. 우리는 수샘의 자유를 이렇게 허무하게 날릴 순 없다며 강서구 최대의 유흥가, 강서구청 뒷골목으로 향했다.

"이야, 오늘 수샘 나이트 근무 제대로 한다!"

우리는 그 이름도 무시무시한 '부킹 성인 나이트클럽'에 입장했다. 나이트클럽에 처음 와 본 나는 두려움에 몸서리쳤지만 그것도 잠시, '밤과 음악 사이'와는 견줄 수조차 없는 하이 퀄리티 병맛에 압도되어 흥분한 것이 사실이다. DJ는 노래 중간중간에 "박명수, 유재석, 훑어 주세요, 강서 스타일, 허허!" 하는 소리를 내며 분위기를 띄웠고, 평균 연령 47세의 성인 남녀들은 "눈치 보지 말고 미쳐 보는 거야!"라는 DJ의 말에 힘입어 미친 듯이 춤을 추었다.

가만히 앉아 손뼉만 치던 수샘은 내 친구의 손에 이끌려 무대 구석에서 수줍게 춤을 추기 시작했다. 그러나 코요태의 노래가 나올 즈음에는 구스다운 조끼와 후리스 자켓을 입은 아저씨들 사이에서 '눈치 보지 않고 미쳐' 있었다. 폭풍과도 같은 한 타임이

끝나자 사람들은 아무 일도 없었다는 양
자리에 돌아와 앉았다.
"자, 오늘 밤, 이곳에 모인 여러분들, 이대로 보낼 순,
없, 죠. 여러분이 기다리고 기다리던, 와일드, 섹! 시!"
DJ의 멘트가 끝나자 무대 위로 키 크고 잘생긴
외국 남자가 등장했다. 그 이름에 걸맞게 스키니 가죽
바지를 입고 상의는 탈의한 채. 그는 웅장한 노래에
맞춰 춤을 췄다. 그의 춤사위는 러시아 현대 무용의
거장처럼 절도 있었다. 우리는 무언가에 홀린 듯
그의 아름다운 몸놀림을 바라보았다.
하지만 이대로라면 와일드 섹시가 아니지.
그는 돌연 와일드하게 바지를 내리더니 섹시하게
팬티를 벗었다. "왐마! 씨빠! 눈 배려불겠네!" 내 옆에
앉아 있던 전라도 출신 후배가 경악을 금치 못했다.
우리는 그렇게 한 시간쯤 더 놀다가 클럽을 나섰다.
"근데, 난 좀 마음이 그렇더라."
나의 말에 사람들이 하나둘 입을 열었다.
"누님도 그랬소, 나도 사실은 찡하대."
"너네도? 사실 나두."
"저두요, 저두."
"돈은 많이 받을까?"
"글쎄요."

여러분은 지금 어디에 계신가요?
여러분의 주위에서는
어떠한 일이 일어나고 있나요?

"더 멋진 일을 할 수 있을 것 같은데 그 사람…."

"먹고 살기 참 힘들다, 그치?"

"그러게나 말이에요."

우리는 내일 다시 병원에서 만날 것을 기약하며 각자의 집으로 돌아갔다. 노동자들의 하루가 저물었다.

간호사로 일하던 시절, 병원 사람들과 스트레스를 풀기 위해 나이트클럽을 찾았던 날의 일기입니다. 만일 제가 이날을 기록해 두지 않았더라면 2012년 11월 17일 자 노동자들의 애환은 역사 속으로 사라졌겠지요. 만에 하나 〈인간극장〉 제작진이 우리와 동행했더라도, 와일드 섹시의 과감한 춤사위와 그 모습을 지켜보며 짠해졌던 우리의 마음까지 카메라에 담아낼 수는 없지 않겠습니까.

여러분은 지금 어디에 계신가요? 여러분의 주위에서는 어떠한 일이 일어나고 있나요? 그 자리에서, 그 시각으로, 그 현상을 바라볼 수 있는 사람은 오직 여러분 한 사람뿐입니다. 다이어리스트로서의 본분을 다하고 싶다면 카메라에 포착되지 않는 순간을 일기장에 담아 보세요. 다만, 하루치 일기에 열정을 쏟아붓지는 마세요. 내일도, 모레도, 가늘고 길게 기록해야 시대를 담을 수 있을 테니까요.

매일이 쌓여 나만의 서사가 되는 순간

'없는 게 없는 무한도전'이라는 말, 들어본 적 있으신가요? 예능 프로그램 〈무한도전〉에는 없는 장면이 없다는 이야기인데요. 무한도전 멤버들이 건물 옥상에서 목숨을 건 줄다리기를 펼치는 에피소드는 〈오징어 게임〉의 한 장면과 쏙 빼닮았고요. 한 손을 쭉 뻗은 채 다른 한 손은 머리 위에서 빙빙 돌리는 정준하의 춤은 뉴진스의 'ETA' 안무와 흡사하지요. 게다가 전진이 같이 여행 가고 싶은 멤버로 J(정준하)를, 가고 싶지 않은 멤버로 P(박명수)를 꼽았던 건 MBTI를 염두에 둔 선택처럼 느껴지기까지 합니다. 〈무한도전〉에 없는 장면이 없는 이유는 13년 동안 방영하며 풍부한 이야기를 축적해 왔기 때문일 것입니다.

저도 제 블로그에 일기를 써 온 지 어언 20여 년이 되었는데요. 생각보다 방대한 자료가 모여 있을 거라는 데 생각이 미쳤습니다. 혹시 '변기'와 관련된 일기를 쓴 적이 있을까? 물론이죠. 간호대 재학 시절 병원으로 실습을 나갔다가 인턴에게 쵸코하임 하나를 받았는데 응급실에서 차마 과자를 먹을 수 없었기에 변기에 앉아 허겁지겁 씹어 삼켰다는 구슬픈 이야기였습니다. 설마 '대머리'를 주제로 일기를 쓰지는 않았겠지? 웬걸요. 미용실 의자에 네 시간을 꼼짝없이 앉아 매직 스트레이트를 했던 날, 세상 사람 모두가 대머리라면 애꿎은 고생을 할 일도 없었을 거라는 망언을 내뱉었지 뭡니까. 어쨌든 '깐부 치킨'으로 쓴 일기는 없을 거예요. 전 교촌 치킨을 좋아하니까요.

2016년 12월 28일

미래에 대한 고민이 한 바가지인 나에게 친구가 말했다. 아무 생각 없이 <섹스 앤 더 시티>를 다시 보라고. 네가 좋아하는 드라마 속 주인공, 글 써서 먹고사는 캐리를 보면서 너 역시 전업 작가가 되기를 꿈꾸라고. 야, 이 사람아. <섹스 앤 더 시티>라면 백 번도 더 봤어! "I am a writer"라고 자기소개하는 캐리 대사는 만 번도 더 따라 해봤어! 그런데 캐리는 뉴욕에 마놀로 블라닉 신고 잘생긴 빅과 브런치를 즐기는 반면, 나는 종로3가에서 리복 신고 너랑 깐부 치킨 먹는다고오오오오! 내가 앉아 있는 깐부가 너무 구려서 마음이 다 쓰렸다. 신이시여, 저는 언제쯤이면

이 구림에서 탈출할 수 있겠나이까. 예?

'아아, 그래. 그때 깐부냐 교촌이냐 옥신각신하다가 깐부에 갔었지. 젠슨 황과 재드래곤보다 앞서서 깐부를 찾았던 거야!' 깐부 치킨이 이렇게 유명해질 줄도 모르고 바보같이 신세를 한탄했던 과거의 제가 우스워 한참을 깔깔 웃었습니다. 혹자는 도대체 어느 대목에서 웃어야 하느냐며 입을 삐죽거릴 수도 있을 텐데요. 자신의 촌스러운 과거사를 마주하면 누구든 웃음이 터지기 마련 아니겠습니까. 여러분도 먼 훗날에 박장대소하고 싶으시다면 현재를 꾸준히 기록해 두기를 권해드립니다. 일기를 매일 쓰기엔 귀찮으니 사진으로 대체하겠다고요? 그것도 나쁘지 않은 방법입니다만, 다음과 같은 일이 과연 사진에 담길 수 있을지 모르겠습니다.

2020년 12월 22일

이번 달에 해야 할 열두 개의 마감 중 열 개를 끝냈다.
'마감이 한 달에 여덟 개만 돼도 할 만하겠는데?' 하는
미친 생각이 드는 걸 보면 마감 폐인 생활에 어느 정도
적응을 마친 듯하다. 이틀에 한 번꼴로 마감을 하다
보니 너무너무 피곤해서 꿈도 꾸지 않는 요즘이다.

상황이 이러한데 일기를 쓸 기력 따위 있을 리가 없지.
아주 오래간만에, 그다지 일기를 쓸 기분이 아님에도
블로그에 기록을 하는 이유는 무어라도 써두지 않으면
그 무엇도 기억에 남지 않을 것 같다는 생각에서다.
먼 훗날, 원더키디의 해에 나는 무엇을 하며 살았더라,
하며 추억을 회상하고자 할 때에 이 글이 도움이
되었으면 하는 마음으로.

저때의 제 얼굴은 모르긴 몰라도 썩어 있었을 것입니다. 만일 그 모습을 사진으로 남겨두었더라면, 그리하여 현재의 제가 그 얼굴을 다시 본다면, 썩어 빠진 얼굴이 어이없어 웃음이 나고도 남았겠지요. 하지만 열 개의 마감을 치르느라 얼굴이 썩은 건지, 지독한 변비에 시달려서 얼굴이 썩은 건지, 그것도 아니라면 그 시절의 제 얼굴이 항상 썩어 있었던 건지까지는 알아낼 방법이 없을 테지요. 제가 든 예시가 조금 경박하게 느껴지셨을까요? 그렇다면 격조 있는 선생님의 말씀을 빌려오겠습니다. 글쓰기에 관심이 있는 분이라면 이태준의 『문장강화』를 한 번쯤 읽어보셨을 텐데요. 선생님은 일기의 가치에 대해 이렇게 말씀하셨습니다.

하루하루는 우리 인생의 한 조각이기에 즐거운 날이든 슬픈 날이든 모두 가치가 있다고요. 특히 기억하고 싶은

하루하루는 우리 인생의 한 조각이기에
즐거운 날이든 슬픈 날이든 모두 가치가 있다.

날은 사진을 찍어 남기곤 하지만, 안타깝게도 사진에 담을 수 있는 건 결혼식이나 장례식처럼 눈에 보이는 것들뿐이라고 했습니다. 실연으로 아파하는 마음이 렌즈에 잡힐 리 없고, 부처가 마음속에서 깨달음을 얻은 순간 역시 카메라로 포착할 수 없을 테니까요. 그런데 우리가 보고 들은 것이나 생각하고 행동한 것 중에서 중요한 부분을 일기에 적어둔다면 어떨까요? 선생님은 일기에는 형태가 있든 없든 모든 순간을 기록할 수 있기에 생활 전부의 앨범이 만들어질 것이라고 했습니다. 생활 전부의 앨범이라니. 이 멋진 앨범을 여러분도 하나쯤 장만하고 싶지 않으신가요?

낙엽만 굴러가도 까르르 웃던 시절은 진작에 지나갔습니다. 나이를 먹으면 먹을수록 피부가 건조해지듯 웃음의 샘도 메말라 가지요. 이래도 흥, 저래도 흥, 세상만사가 재미없어질 무렵 생활 전부의 앨범인 일기장을 넘겨본다면 썩어 있던 얼굴에도 미소가 번지리라 믿어 의심치 않습니다. 페이지를 끝없이 넘기며 즐거움을 만끽하고 싶다면 지금부터라도 일기를 꾸준히 쓰며 더 많은 생활을 앨범에 담아두는 것이 좋겠지요? 앨범이라고 해서 예쁘고 아름다운 일만 모아두려 하지 마시고 슬픈 일, 힘든 일, 잊고 싶은 괴로운 일까지 남김없이 기록해 두세요. 예쁜 사진보다 못난 사진이 보기에 더 웃기듯, 예쁜 일기보다 못난 일기가 읽기에 더욱 재미날 테니까요.

조용히 시작된 어른들의 일기 혁명

열아홉의 어느 겨울이었습니다. 미대 입시 실기를 앞둔 저는 미술 학원에서 석고상을 열심히 그리고 있었지요. 선생님은 제가 그린 그림을 이리저리 다듬어 주시며 이러한 말씀을 하셨답니다.

"너도 며칠 후면 으른이 되는구나, 으른이. 그런데 주윤아, 으른이 되면 제일 무서운 게 뭔 줄 아니? 그건, 뭐어어어어어든지 자기가 다 알아서 해야 한다는 거야."

선생님의 말씀이 가슴에 와닿지 않았습니다. 뭐어어어어어든지 자기가 다 알아서 해야 한다면 너무나 좋을 것 같았기 때문입니다. 엄마가 일어나라고 할 때 일어나지 않아도 되고, 아빠가 들어오라고 할 때 들어오지 않아도 된다면 그보다 더 좋은 일이 세상에 또 어디 있겠습니까.

저의 예상은 틀리지 않았습니다. 어른이 되어 누리게 된 자유는 정말이지 달콤했거든요. 그런데 대학을 졸업하고 사회인이 되면서, 그제야 선생님의 말씀이 실감 나기 시작했습니다. 자기가 알아서 돈 버는 일이야 그러려니 했습니다. 자기가 알아서 사회에서 살아남는 일도 그러려니 했지요. 딱 하나 그러려니 하지 못했던 건, 자기가 알아서 자신의 잘못을 깨달아야 한다는 사실이었습니다. 어른들은 상대방의 잘못된 행동을 지적하지 않았습니다. 괜한 말을 했다가 감정을 상하게 할 수도 있으니까요. 저 역시 다르지 않았습니다. 문제는 서로가 서로의 잘못을 지적하지 않다 보니 저도, 얘도, 재도, 걔도, 점점 이상한 어른이 되어간다는 점이었습니다.

2015년 3월 30일

일곱 시간만 자려고 했는데 내 의지와는 상관없이
열 시간을 자고 일어나 밖으로 나왔다. 별 성과도 없을
게 분명한데 밖에 나가 돈 쓰지 말고 집에서 일할까
생각했지만 그것도 잠시. 푼돈을 아끼자고 나의 하루를
방구석에 묶어 놓겠다니 이건 말도 안 되는
생각이잖아! 하며 국회 도서관에 왔다. 의외로 집중이
잘 되어 놀라워할 때쯤 옆자리에 앉은 남자가 1분에
한 번씩 흠흠 대고 지랄하여 작업 리듬이 깨졌다.
이제는 지 혼자 영어 발음 따라 하면서 웃고 난리네.
어떻게 생긴 놈인지 고개 돌려 한 번 보고 싶은데

쳐다보면 지 좋아하는 줄 알까 봐 그냥 안 볼란다.

절이 싫으면 중이 떠나야 하는 법, 이제는 불특정 다수가 이용하는 도서관이 아닌 공유 오피스에서 작업을 합니다. 이곳은 유료 도서관이라고 할 수 있기에 거슬리는 소리를 내는 건 암묵적으로 금지인데요. 그 룰을 깨는 아저씨 한 분이 계신답니다. 기침을 할 때는 "흐엑췌이!", 기지개를 켤 때는 "쁘에에엥!", 일이 안 풀릴 때는 숨을 들이마시며 "스으으을" 하는 소리를 내시지요. 특히 "스으으을"의 'ㄹ'을 'R'로 발음한다는 점이 저를 참을 수 없게 합니다. 그런데 얼마 전, 이 아저씨에게 대적할 만한 여성이 등장했습니다. 그녀는 10분에 한 번씩 "미치겠네"라는 혼잣말과 함께 한숨을 내쉬고, "아드득아드득" 소리를 내가며 얼음을 깨 먹지요. 재미있는 건, 그녀가 등장한 이후로 그 아저씨가 이상한 소리를 내지 않는다는 점입니다. 이런 걸 거울 치료라고 한다지요.

저에게는 그녀가 눈엣가시나 다름없지만 아저씨에게는 귀인이나 마찬가지입니다. 여태껏 그 누구도 지적하지 않았던 자신의 그릇된 행동을 되돌아보는 계기를 마련해 주었으니까요. 점쟁이들은 동쪽으로 가라, 서쪽으로 가라, 하며 어디에서나 귀인을 만날 수 있을 것처럼 말하지만 그렇게 귀한 사람이 아무 때고 나타날 리 없겠지요. 그리하여 우리의 이상한 습관은 점점 고착되어 갑니다. 내리려는 사람을 밀치고 지하철에 올라타는 어른을, 식당이나 카페에서 점원에게 무례하게 구는 어른을, 빌린 돈을 떼먹고나 몰라라 하는 어른을 어렵지 않게 만나볼 수 있는 건 이러한 이유 때문일 것입니다. 다행히도 우리에게는 일기가 있습니다. 일기장에는 자신의 모습을 고스란히 담을 수 있기에 혼자서 거울 치료를 할 수 있거든요.

2017년 3월 31일

내내 기분이 좋지 않다. 나도 내가 왜 이러는지
모르겠어, 따위의 말로 나의 감정을 뭉뚱그려
버릴 수 있다면 좋겠지만 나는 내 기분이 어째서 좋지
않은지 아주 잘 알고 있다. 내가 가진 문제는 쉽게
해결할 수 있는 성질의 것이 아니다. 이 문제를 스스로
극복해야 한다는 사실이 나를 지치게 한다. 비관적인
생각을 많이 하는 나, 일어나지 않은 일을 상상하며
전전긍긍하는 나, "글쎄"라는 말로 듣는 사람 맥 빠지게
하는 나, 인연을 단칼에 잘라버리는 나,
이러한 내가 만들어 낸 결과에 우울해하는 나.
이러한 연유로 오늘의 나는 내내 기분이 좋지 않다.

돌이켜보면 왜 저러고 살았나 싶습니다. 애석하게도 '인연을 단칼에 잘라버리는 나'는 여전히 남아 있지만 나머지는 지금의 저와 거리가 멉니다. 이게 다 일기를 쓰며 제 모습을 반추해 온 덕이겠지요. 앞으로도 꾸준한 거울 치료를 통해 더욱 성장하는 제가 되어 보렵니다. "사람은 고쳐 쓰는 게 아니라던데요" 하고 반문하는 분이 계실지 모르겠습니다. 이에 대한 제 답변은 "그건 아마 일기를 쓰지 않는 사람들이 하는 소리 아닐까요?"입니다. 물론, 오랜 기간에 걸쳐 굳어진 무언가를 쇄신하는 일은 쉽지 않을 것입니다. 하지만 불가능한 일은 아닙니다. 쇄신이 불가능한 일이라면 '쇄신'이라는 단어 자체가 존재하지 않았을 테니까요.

세상은 끊임없이 변화하고 발전해 왔습니다. 18세기에는 프랑스 혁명이 일어나 신분이라는 틀이 무너졌고, 19세기에는 산업 혁명이 일어나 기계가 수공업의 자리를 대신했으며, 20세기에는 정보 혁명이 일어나 인터넷으로 넓은 세상을 향유하게 되었지요. 이 끝없는 쇄신의 중심에는 시대에 매몰되지 않고 변화와 발전을 거듭해 온 인간이 있습니다. 이 말인즉, 더 나은 세상을 살아가기 위해서는 낡은 관습에 단단하게 둘러싸여 있는 나부터 변해야 한다는 이야기일 것입니다. 어디서부터 어떻게 시작해야 할지는 더 묻지 않아도 됩니다. 여러분은 일기 쓰기라는 혁명을 이미 시작하셨으니까요. 동지들이여, 이 작은 혁명의 횃불을 꺼뜨리지 않기 위해 계속해서 펜을 드십시오! 매일매일 키보드를 두드리십시오!

동지들이여,

이 작은 혁명의 횃불을 꺼뜨리지 않기 위해

계속해서 펜을 드십시오!

매일매일 키보드를 두드리십시오!

오늘을 기록하는 사람은 오늘을 잃지 않는다

저와 꼭 서른 살 차이 나는 엄마는 칠십이 넘은 할머니입니다. 엄마는 저와 언니들을 키우느라 좋은 세월 다 보냈다며 지나간 청춘을 아쉬워하곤 하지요. 그 시절에 고생 안 한 부모가 어디 있겠냐만 저희 엄마는 남들보다 조금 더 힘들었을지도 모르겠습니다. 아빠가 사업을 하겠다고 이리저리 뛰어다닐 때, 엄마가 식당에서 일해 번 돈으로 우리 가족을 먹여 살렸으니까요. 불행 중 다행인 건, 제가 스무 살이 되던 무렵 아빠가 자리를 잡았고 엄마는 그때부터 지금까지 쭉 전업주부로 지내고 있다는 사실입니다.

"근데, 엄마. 일 안 한 지 20년이 넘었잖아. 그만큼 놀았으면 이제 신세 한탄 그만해도 되는 거 아니유?"

엄마도 제 말을 인정할 수밖에 없었는지 대답 대신 깔깔 웃음을 터뜨렸습니다.

엄마가 칠십 넘은 할머니가 되는 동안 저는 마흔 넘은 아줌마가 되었습니다. 청춘과는 멀어진 나이라 할 수 있지요. 그런데 저는 꽃다웠던 그 시절이 아쉽게 느껴지지 않습니다. 지난 세월을 떠올리면 쏜살같이 흘러간 것처럼 느껴지다가도, 일기를 읽어보면 시간의 속도에 맞게 살아왔다는 사실이 체감되기 때문입니다. 할 일도 만날 사람도 없어 온종일 거리를 헤맸던 날, 사랑하던 남자에게 처절하게 배신당했던 날, 라오스에서 여권이 든 가방을 도둑맞았던 날은 물론, 칵테일 한 잔에 3만 원이 넘는 바에 갔다가 의도치 않게 절주했던 날까지 일기장에 증거처럼 기록되어 있기에 지나온 하루하루가 실감 나는 것이지요.

알고 보니 제가 이렇게 느끼는 데에는 다 그만한 이유가 있었습니다. 뇌는 반복되는 일상을 기억할 필요 없는 일로 판단해 압축하여 저장하거나 아예 저장하지 않는다고 합니다. 이러한 현상은 효율성을 높이기 위해 일어난다는데요. 출퇴근길을 수백 번 오가도 기억에 남는 날이 거의 없는 이유 역시 이 때문입니다. 그런데 일기를 쓰면 이 현상을 어느 정도 저지할 수 있습니다. 뇌의 입장에서 보면, 어제와는 다른 새로운 흔적이 만들어지는 것이기에 기억할 가치가 있다고 판단하게 되는 것이지요. 그러니까 일기를 쓰지 않는 사람은 압축된 삶을 살아가고, 쓰는 사람은 온전한 하루하루를 살아간다고 말할 수 있겠습니다.

그나저나 엄마는 고생했던 젊은 시절을 일기로 남겨두지도 않았으면서 어쩜 그리 선명하게 기억하고 있을까

일기를 쓰지 않는 사람은 압축된 삶을 살아가고,
쓰는 사람은 온전한 하루하루를 살아간다.

요? 그건 아마, 변화무쌍하게 힘들었던 매일매일이 머릿속에 빠짐없이 저장된 탓이겠지요. 요즘의 엄마는 유유자적합니다. 아침에 일어나 견과류와 단백질 셰이크를 먹고, 문화센터에서 컴퓨터를 배운 뒤 집으로 돌아와 제게 전화하며 하루를 마무리하지요. 이렇게 일상이 반복되다 보면 노년이 쏜살같이 지나갈 텐데 큰일이군요. 엄마에게도 일기 쓰기를 권해야겠습니다. 하루하루를 선명히 기억한다면 천천히 나이 들어가는 것처럼 느낄 수 있을 테니까요.

부록

21일간의 일기장

1일 차 미션

일기장을 펼친 오늘을 기록해 보세요.

2일 차 미션

오늘을 대변할 단어를 국어사전에서 찾아보세요.

예문도 써본다면 금상첨화입니다.

3일 차 미션

오늘의 마음 일기日氣를 기록해 보세요.

4일 차 미션

크게 번져 나가지 않아도 좋으니

사소한 관찰을 기록해 보세요.

5일 차 미션

망해도 좋으니 아무렇게나 써보세요.

6일 차 미션

감사한 순간을 일기장에 간직해 보세요.

7일 차 미션

꾸준히 일기를 써 온 스스로를 칭찬해 보세요.

8일 차 미션

우중충한 이야기를 일기장과 나눠 보세요.

9일 차 미션

인터넷에서 백문백답 문항을 찾아
답변을 적으며 현재의 나를 점검해 보세요.

10일 차 미션

'인생에서 가장 힘들었던 경험'을

20분 동안 멈추지 말고 써 내려가 보세요.

11일 차 미션

최근에 나눴던 대화 중

가장 인상 깊었던 것을 기록해 보세요.

12일 차 미션

가까운 사람에게 전하지 못한 진심을 담아

편지 형식으로 일기를 써보세요.

13일 차 미션

서운한 감정을 써 내려가며
상대방과 나의 관계를 점검해 보세요.

14일 차 미션

여러분은 어떤 모양의 조각이고,

그 모양 덕에 무엇을 누리고 있는지 적어보세요.

15일 차 미션

인생의 목적과, 그것을 달성하기 위한
내일의 목표를 적어보세요.

16일 차 미션

10년 뒤의 나에게 안부를 건네며

원하는 바를 이루었는지 물어보세요.

17일 차 미션

두려움의 실체를 글로 드러내고

그에 대응할 방법을 궁리해 보세요.

18일 차 미션

변치 않을 핵심 가치를 선언하고
그에 따른 행동 원칙 세 가지를 적어보세요.

19일 차 미션

최근에 겪은 부정적인 사건을

긍정적으로 해석해 보세요.

20일 차 미션

나만 아는 미묘하고 사소한 변화를

발견하고 기록해 보세요.

21일 차 미션

변화 프로그램을 마무리한 오늘의 기록을

업데이트해 보세요.

자유로운 일기를 써보세요.

어른을 위한 일기 쓰기

2026년 2월 11일 1판 1쇄 펴냄
2026년 3월 2일 1판 2쇄 펴냄

지은이 이주윤
펴낸이 김철종

펴낸곳 (주)한언
출판등록 1983년 9월 30일 제1-128호
주소 서울시 종로구 삼일대로 453 2층
전화번호 02)701-6911
팩스번호 02)701-4449
전자우편 haneon@haneon.com

ISBN 978-89-5596-937-5 (03700)

만든 사람들
기획 · 총괄 손성문
편집 서현미
디자인 2mm

한언의 사명선언문

Since 3rd day of January, 1998

Our Mission – 우리는 새로운 지식을 창출, 전파하여 전 인류가 이를 공유케 함으로써 인류 문화의 발전과 행복에 이바지한다.

– 우리는 끊임없이 학습하는 조직으로서 자신과 조직의 발전을 위해 쉼 없이 노력하며, 궁극적으로는 세계적 콘텐츠 그룹을 지향한다.

– 우리는 정신적·물질적으로 최고 수준의 복지를 실현하기 위해 노력하며, 명실공히 초일류 사원들의 집합체로서 부끄럼 없이 행동한다.

Our Vision 한언은 콘텐츠 기업의 선도적 성공 모델이 된다.

저희 한언인들은 위와 같은 사명을 항상 가슴속에 간직하고
좋은 책을 만들기 위해 최선을 다하고 있습니다.
독자 여러분의 아낌없는 충고와 격려를 부탁드립니다.
• 한언 가족 •

HanEon's Mission statement

Our Mission – We create and broadcast new knowledge for the advancement and happiness of the whole human race.

– We do our best to improve ourselves and the organization, with the ultimate goal of striving to be the best content group in the world.

– We try to realize the highest quality of welfare system in both mental and physical ways and we behave in a manner that reflects our mission as proud members of HanEon Community.

Our Vision HanEon will be the leading Success Model of the content group.